Johannes Hansen

Abenteuer Glaube

Neue Internet-Kolumnen aus gott.net

Luther-Verlag

Bibliographische Information der Deutschen Nationalbibliothek
Die Deutsche Nationalbibliothek verzeichnet diese Publikation
in der Deutschen Nationalbibliographie;
detaillierte bibliographische Daten sind im Internet
über http://dnb.d-nb.de abrufbar.

ISBN: 978-3-7858-0572-5

Umwelthinweis:
Dieses Buch wurde auf chlorfrei gebleichtem Papier gedruckt.

Umschlaggestaltung: Dipl.-Grafikdesignerin Eva Dietsche, Bochum
Satz: Luther-Verlag Bielefeld
Druck und Bindung: ROSCH-BUCH Druckerei GmbH, Scheßlitz
Printed in Germany

Inhalt

Vorwort

Die gute Nachricht – auf den Punkt gebracht

Es gibt wohl nur wenige Pfarrer, die an so vielen Orten und zu so vielen Menschen gesprochen haben wie er. Und noch immer ist Johannes Hansen, der einmal Deutschlands bekanntester „Reisepastor" war, unterwegs: jetzt aber nicht mehr auf Autobahnen und Landstraßen, sondern im Internet. Unter www.gott.net schreibt Hansen seit Jahren brillante Internet-Kolumnen. Kurz und sprachgewandt, elementar und verständlich – die gute Nachricht von Jesus Christus auf den Punkt gebracht.

Ein ungewöhnlich bewegtes Berufsleben liegt hinter dem 1930 im nordfriesischen Stedesand geborenen Theologen. 1958 wurde er von Pastor Alex Funke, dem damaligen Leiter des Volksmissionarischen Amtes, als „evangelistischer Prediger" entdeckt und nach Witten geholt. Später leitete Hansen selbst die in „Amt für missionarische Dienste" umbenannte Einrichtung, 24 Jahre lang. Auch war er Synodaler der Evangelischen Kirche in Deutschland (EKD). Dass das Thema „Mission und Evangelisation" von der EKD-Synode positiv aufgenommen wurde, hat ihn sehr gefreut. Zum Teil ist es auch ihm zu verdanken.

Ob bei Kirchentagen oder bei Gemeinde- und Jugendwochen – Johannes Hansen hat von vielen Kanzeln und Podien gesprochen, im Ulmer Münster ebenso wie in der Stuttgarter Stiftskirche, in kleinen Gemeindehäusern ebenso wie in großen Messehallen. Der Kern seiner Botschaft: „Jesus Christus ist das der Welt zugewandte Angesicht des lebendigen Gottes – wer ihn kennt, der kennt Gott."

Heute lebt der Vater von vier Kindern mit seiner Frau im tätigen Ruhestand in Witten an der Ruhr. Im Kreis vieler ehemaliger Mitarbeiter und Freunde konnte er kurz vor dem Erscheinen dieses Buches seinen 80. Geburtstag feiern.

Johannes Hansen engagierte sich in seinem mit großer Treue ausgeübten Dienst stets für eine elementare, auf Christus bezogene Verkündigung. Wenn jemand sich ihm gegenüber aber zu einem anderen Glauben bekannte, begegnete er ihm oder ihr mit Toleranz. Das bedeutete für ihn nicht, dem anderen die eigene Überzeugung zu verschweigen. Zur Wahrhaftigkeit gehört für ihn, über die Wahrheit zu streiten. Dabei lässt er sich selbst auch in Frage stellen.

Klar bekennt sich Johannes Hansen zum Glauben an die Exklusivität Christi als des Heilands aller Menschen. Er tut dies einladend, humorvoll und in gegenseitiger Achtung: „Respekt gegenüber dem Anderen ist Wesen des Glaubens an Jesus Christus", sagt er in einer der Kolumnen dieses Buches.

Glaube ist für Johannes Hansen auch keine gemütliche Lebensform, sondern ruft vielmehr aus dem Alltäglich-Üblichen ins „Reich Gottes", in eine neue Beziehung zu Gott und den Menschen. Wenn Johannes Hansen spricht oder schreibt, ist es, als hielte er in der einen Hand die Bibel und in der anderen Hand die Zeitung. Ihm geht es darum, die Botschaft des Evangeliums auf die Fragen der Gegenwart zu beziehen. „Gott hautnah", wie er zu sagen pflegt.

Obwohl er tausende von Menschen angesprochen hat, kam es Johannes Hansen nie auf große Zahlen an, sondern darauf, dass Menschen zum Glauben kommen, im Glauben wachsen und sprachfähig werden. Deshalb hat er auch die Arbeit mit Glaubenskursen wie „Christ werden – Christ bleiben“ stark unterstützt. Seine Internet-Kolumnen sind Glaubenskurse im Mini-Format. Mit wenigen Sätzen schildert er seinen Leserinnen und Lesern eine Situation, malt ein biblisches Bild vor Augen, bringt die Botschaft auf den Punkt.

Die einzelnen Texte in diesem Buch sind in verschiedenen Jahren und zu unterschiedlichen Anlässen entstanden. Oft beziehen sie sich auch auf die Feste des Kirchenjahres. Weil sie so kurz und prägnant geschrieben sind, eignen sie sich gut für Andachten und zum Vorlesen in Gruppen oder als Impulse und Anregungen für Haus- und Gesprächskreise.

Mit der Veröffentlichung seiner Internet-Kolumnen verbinde ich den Dank an Johannes Hansen für seine jahrzehntelange Verkündigungsarbeit. Ich danke ihm für sein ganzes Lebenswerk, mit dem er vielen Menschen zum Segen geworden ist. Dem Buch wünsche ich viele Leserinnen und Leser, die sich wie er auf das Abenteuer des Glaubens einlassen.

Bielefeld, im Februar 2010 *Wolfgang Riewe*

Kitzeleien

Lacht doch endlich einmal wieder,
ihr zwanghaften, quergestreiften Stirnfaltenträger,
die ihr Gott zum himmlischen Bürokraten macht.
Lacht doch endlich einmal wieder,
ihr starren, sattelfesten Prinzipienreiter,
die ihr die Bibel mit einer Betriebsanleitung verwechselt.
Lacht doch endlich einmal wieder,
ihr strengen, überkorrekten Wahrheitsfanatiker,
die ihr Mücken zählt und Kamele verschluckt.
Lacht doch endlich einmal wieder,
ihr jungen Leute mit den starren Meinungen,
die ihr alt seid, ehe ihr wirklich jung wart.
Lacht doch endlich einmal wieder,
ihr dauernd nörgelnden und jammernden Alten,
die ihr den Jungen die Lust zum Leben zeigen solltet.
Lacht doch endlich einmal wieder,
ihr geliebten, von Gott umworbenen Menschenkinder,
die ihr noch gar nicht richtig ahnt,
wie wertvoll ihr Gott seid.
Lacht doch endlich einmal wieder,
ihr heimgekehrten, gefeierten Töchter
und Söhne Gottes,
euer ganzes Leben ist voller Chancen und offener Türen.

Aufforderung zum Tanz

Mit dem Glauben ist es wie mit dem Tanzen. Die Musik spielt auf, der Rhythmus geht in die Füße, der erste Partner fordert eine Partnerin auf, und sie gehen auf die Tanzfläche und tanzen. Schnell folgen weitere Paare ihrem Beispiel, und bald ist die Tanzfläche voller Menschen, die sich gemeinsam im Tanz bewegen. Was mit einem oder zweien begann, ist nun zu einer gemeinsamen Erfahrung geworden. Jede und jeder ist ein Original, hat einen eigenen Stil, doch was alle verbindet, sind die Musik, der Rhythmus und die Gemeinschaft untereinander. Ja, so ist es, scheint mir, mit dem Glauben.

Nun kann ich es gut verstehen, wenn jemand einwendet, dieser Vergleich sei doch wohl etwas gewagt und allzu leichtfüßig, also der schweren Frage nach dem christlichen Glauben nicht angemessen. Wir sind es in unseren Breiten eben gewöhnt, vom Glauben vor allem in grüblerischen Gedanken, mit Kummerfalten auf der Stirn und stets mit hohen geistigen Ansprüchen zu reden. Ich kann den Mann verstehen, der mitten in einer Diskussion über den Glauben einwarf: „Könnten Sie das bitte noch einmal für jemanden ohne Abitur sagen?" Nein, er meinte kein naives, denkfaules Christentum, er hatte einfach etwas gegen einen verkopften Glauben, den viele Menschen nicht verstehen und von dem sie sich abwenden, ehe sie ihn überhaupt kennen gelernt haben, weil er ihnen zu schwierig erscheint.

Jesus hat übrigens geradezu heitere Vergleiche gebraucht, um Menschen zum Vertrauen auf Gott einzuladen. Er erzählt zum Beispiel von einem armen Landarbeiter, der plötzlich mit seiner Hacke auf einen Schatz stößt, voller

Freude losrennt und alles verkauft, was er hat, um den Acker mitsamt dem verborgenen Schatz zu erwerben. Ich sehe ihn und seine Familie vor Freude tanzen. Jesus will sagen: So ist es, wenn ein Mensch Gott findet und dabei das Leben ganz neu entdeckt.

Aufforderung zum Tanz. Die Musik kommt von außen, sie kommt aus heiterem Himmel und verlockt uns. Andere sind schon vor uns auf der Fläche, wir dürfen uns ihnen zugesellen und dabei sein, wenn sich Freude ausbreitet, wenn sich die Herzen verändern. So meint es Jesus mit der Aufforderung zum Glauben, zur Teilnahme am Reich Gottes, der Erneuerung unseres Lebens und aller Dinge durch Gott. Gewiss, niemand kann sich selbst zum Glauben bringen, dabei käme nur Krampf heraus. Aber wenn die Musik des Evangeliums aufspielt, diese höchst erfreuliche und befreiende Nachricht, dass Gottes Liebe in Jesus Christus Gestalt angenommen hat und uns ganz nahe gekommen ist, dann kann es gelingen, dass einer zu glauben beginnt. „Ich möchte glauben können", ein Seufzer, den viel mehr Menschen kennen, als wir ahnen. Es kann gelingen; nicht nur älter gewordene Menschen, gerade auch junge oder in der Mitte des Lebens stehende Frauen und Männer berichten davon, dass sie von der Melodie des Glaubens erfasst wurden. Der unverwechselbare Klang der Frohen Botschaft kann uns in einem Gespräch, beim Lesen eines Buches, beim Ansehen eines Films und gewiss auch in einem Gottesdienst erreichen und in Freude versetzen. Ganz wichtig scheint mir zu sein, dass wir diese Erfahrung zusammen mit anderen suchen und dann mit ihnen teilen. Auch hier ist es wie beim Tanz: Allein macht der Glaube auf Dauer kaum Spaß. Es ist einfach schön, dass ich zur Gemeinde Jesu Christi gehören darf. Dort kann ich den Glauben zusammen mit anderen immer besser kennen und ihn leben lernen.

Die Navi-Bibel

„Die Bibel ist mein Navigator.“ So sagte jemand und ich stimme ihm gerne zu. Für jemanden, der weder ein Auto und darum auch kein „Navi“ besitzt, ein paar Erläuterungen. Mit „Navi“ bezeichnet man ein Navigationssystem für Autofahrer, das sich an Satelliten-Signalen orientiert und anhand der im Gerät integrierten Geländekarten den Weg weist. Der Autofahrer kann die von ihm eingegebene Strecke auf dem kleinen Bildschirm ablesen und sogar eine Sprechstimme einstellen, die ihm kurze Ratschläge gibt. Wenn ich zuhause ankomme, sagt mein „Navi“: „Ziel erreicht“. Für mich stets eine gute Nachricht. Das lateinische Wort „navigare“ heißt „Führen eines Schiffes“, der Fahrer des Wagens soll sich wie ein guter Kapitän im Straßenverkehr verhalten. Dabei hilft ihm ein Navigator in seinem Automobil.

Der Glaube versteht sich als ein Unterwegssein. Der Navigator ist die Bibel. Sie korrigiert uns durch Worte und Geschichten und bringt uns immer wieder in die richtige Spur. Christen wissen sich auf den Weg der Nachfolge Jesu Christi gerufen. Es ist ein Leben im Glauben, in der Liebe und in der Hoffnung. Diese drei großen Worte sind wie Leitplanken des Lebens. Sie sind gefüllt mit dem Namen Christus, der uns mit Gott versöhnt hat. Die Bibel macht uns gewiss, dass wir Kinder Gottes sein dürfen.

Wer die Bibel liest, wird auf verborgene Weise die Stimme Gottes hören. Nicht akustisch, doch geistlich oder „spirituell“, wie viele Christen heute sagen. Es gibt dabei auch ganz persönliche Erfahrungen, die zu ganz neuen

Entscheidungen führen. „Die Bibel ist ein Buch, das mich liest", sagte eine Afrikanerin.

Antwortet Gott uns in der Bibel auf alle Fragen? Sie ist kein Nachschlagewerk für alle Lebensfragen. Wer etwas über Atomenergie, Geburtenregelung, Parteipolitik, Krankenkassen wissen will, wird keine direkten Weisungen in der Bibel finden. Doch wenn er mit der Bibel lebt, wird er erfahren, wie ihn das Wort Gottes frei macht vom egoistischen Denken und Verhalten. Und wie er ganz neu leben lernt. Mein „Navi" sagt mir, wie ich von A nach Z komme, die Bibel sagt mir, wie ich leben kann und wie ich in den Himmel komme.

✓

Der Navigator ist die Bibel.
Sie korrigiert uns
durch Worte und Geschichten
und bringt uns immer wieder
in die richtige Spur.

Born to be free

Die Kamera richtete sich auf einen Mann in der Menge. Sie beamte ihn immer näher heran. Dann ging sie auf den Punkt; man sah nur noch den Button auf der Jacke des Studenten. „Born to be free" stand gut zu lesen darauf. Nur dieser Satz, doch nun vor den Augen von Millionen Zuschauern der dramatischen TV-Nachrichten. Es war bei einer Demonstration in Prag – damals – im August 1968 gegen die sowjetischen Panzer. Ich sehe das Bild immer noch vor mir.

Ich bin zur Freiheit geboren. Ich bin ein freier Mensch und protestiere gegen Zwang und Gewalt. Ein Urschrei aller Menschen auf unserer Erde. Wenn man es ihnen nicht mit brutaler Gewalt ausgetrieben hat. Kann man das denn wirklich? Siehe Tibet. Wir haben ja Recht, wir Menschen. Das war der Plan Gottes und er hat ihn nicht aufgegeben. Und Gott sprach: „Lasset uns Menschen machen, ein Bild, das uns gleich sei" (Genesis 1, 26 f.). Bild heißt hier nicht bildhaft. Ebenbilder Gottes sind wir Menschen, weil Gott uns verantwortlich macht für die Bewahrung seiner Schöpfung. Wir bekamen ein Mandat für Gottes Schöpfung. Gott schafft sich im Menschen ein lebendiges Gegenüber, zu dem er „Du" sagt, mit dem er reden kann und das im Gebet mit ihm reden kann. „Born to be free." Ja, geboren zum freiheitlichen und verantwortlichen Menschsein im Auftrag Gottes auf dieser Erde. Das war und ist das Projekt Gottes.

Aber dann kam der Bruch und er ist immer noch aktiv, weil er sich in jedem Leben neu vollzieht. Der Vertrauensbruch der Abwendung des Menschen von Gott.

„Sünde“ ist kein moralischer Begriff, er ist ein Beziehungsbegriff. Das Wort sagt, dass wir unser Verhältnis zu Gott kaputt gemacht haben. Wir haben unsere eigene Freiheit verraten. Und wenn es noch so peinlich klingt und ist, wir müssen es vor Gott, untereinander und in uns selbst anerkennen, dass wir durch unsere eigene Initiative in die Sünde geraten sind. Sie ist unsere Lebenslüge, die sich nun auf allen Ebenen ausbreitet wie ein Krebs. Gott in dieser Sache Recht geben ist der erste Schritt in die Freiheit. Er kommt uns entgegen, will nicht, dass wir bleiben, wie wir sind. Er will uns herausholen aus jeder Sklaverei, denn das wird das Leben ohne die Verbindung mit Gott. Der uns so unsagbar hoch gewürdigt hat.

„Zur Freiheit befreit“ hat der große Theologe und Missionar Paulus formuliert. Auf den Punkt gebracht: „Besteht in der Freiheit, zu der euch Christus befreit hat“ (Galater 5,1). Die erste Adresse waren Christen, die in der Versuchung des Fundamentalismus steckten. Sie mischten sich ein in die „freie Gnade Gottes“, sie wollten etwas Eigenes dazutun. Der Brief an die Gemeinde in der Provinz Galatien dokumentiert es. Doch solch ein Satz lässt sich nicht bremsen, er meldet seine Kraft überall und bei jedem an, der seine Freiheit verlor und sich nach Freiheit sehnt. Christus, der Sohn Gottes, will nicht, dass wir in Unfreiheit, in irgendeiner Sklaverei leben. Weder der Sünde, noch der Arroganz, noch in der Unterwerfung durch Menschen und Mächte.

Umkehr zu Jesus Christus ist die Einkehr in das Reich der Freiheit. „Wenn euch der Sohn frei macht, so seid ihr recht frei“ (Johannes 8,36). Keine *sinn*-lose Freiheit, sondern in der Bindung an Gott ist der Mensch frei. Das bekennt der Glaube.

Es ist die Freiheit von allem, was uns in Ketten legt. Und es ist die Freiheit zur Liebe, zum Lob des Schöpfers und Befreiers. Und zum „Tun des Gerechten", wie Dietrich Bonhoeffer es nannte. Er starb am 9. April 1945 mit 39 Jahren im Konzentrationslager Flossenbürg. Als Christ und Widerständler gegen die Unterdrückung der Freiheit durch die Nazidiktatur. In einer Predigt sagte er: „Der Mensch, der liebt, weil er durch die Wahrheit Gottes frei gemacht ist, ist der revolutionärste Mensch auf Erden."

Geboren zum freiheitlichen und verantwortlichen Menschsein im Auftrag Gottes auf dieser Erde. Das war und ist das Projekt Gottes.

Das revolutionäre „Allein“

Kein Wort hat theologisch wie kirchengeschichtlich bis weltgeschichtlich und sogar kulturgeschichtlich solche Bedeutung gewonnen wie das Wörtchen „Allein“. Als Vokabel für sich genommen ohne eigene Bedeutung, doch urplötzlich an Dramatik nicht mehr zu überbieten. Es hat das Feuer eines endlich neu verstandenen Glaubens in die Welt geworfen. Die Reformation Martin Luthers, die Entstehung der reformatorischen Kirchen in aller Welt. Die Erweckungsbewegungen des Glaubens, die zur Entstehung der methodistischen und gewiss auch der baptistischen Kirchen führten, alles beginnt mit der Neuentdeckung des Glaubens als das „gesetzesfreie Evangelium“ des Weltmissionars Paulus. Heiden können Christen werden. Atheisten können Christen werden. Kirchenmitglieder können Christen werden. Die Tür steht weit offen, geht doch hindurch. „Allein durch den Glauben.“ „Glaubstu hastu“ (Martin Luther).

Ein kleines Wort bekommt Macht. Weil der Reformator Martin Luther bei seiner Übersetzung des Römerbriefes das Wort „allein“ in einem Vers des 3. Kapitels übersetzte. Eigentlich hinzusetzte, es steht nicht im griechischen Urtext, doch war es im Geist des gesamten Abschnittes inhaltlich voll berechtigt: „So halten wir nun dafür, dass der Mensch gerecht wird ohne des Gesetzes Werke – allein – durch den Glauben“ (Vers 28). Wir sind also davon überzeugt, dass der Mensch wieder mit Gott in Ordnung kommt ohne jede eigene religiöse und moralische Leistung, sondern allein durch den Glauben an Jesus Christus.

Das „allein durch den Glauben“ setzt sich gewaltig fort in der Geschichte des Glaubens in der Tradition der Reformation: Solus Christus, allein durch Christus. Sola gratia, allein durch die Gnade. Sola fide, allein durch den Glauben. Sola scriptura, allein vermittelt durch die Schrift. Das sind die Basiswahrheiten des christlichen Glaubens. Keine trockene Dogmatik, sondern Wegweiser für den existenziell gelebten Glauben.

Wer es hört und begreift, darf tief aufatmen und sich freuen. Christus allein hat alles getan, was meine Beziehung zu Gott und so auch zum Sinn meines Lebens wieder ganz in Ordnung bringt. Ich kann und muss nichts dazutun, es ist allein die Gnade, die uns rettet. Das darf ich glauben. Weil es in der Schrift geschrieben steht. Ich lege die Hand auf die Bibel und sage glücklich: Amen, das ist wahr. Die Summe heißt: Durch Christus ist längst vor uns alles für uns geschehen, worauf wir uns im Leben und im Sterben ganz gewiss verlassen können. Vielleicht wird uns so das schwere Wort „Rechtfertigung“ etwas verständlicher. Doch wir glauben ja nicht an Wörter und an Thesen, sondern an Jesus Christus, unseren Herrn, wir Christen. Wie er in der heiligen Schrift bezeugt wird.

Aber muss ich denn gar nichts tun? Macht dieser Glaube nicht faul?
Keinesfalls! Wenn es einer so versteht, hat er nichts kapiert. Wer hier faule Neigungen verspürt, der lese Römer 12,1–2. Der Glaube wird in der Liebe zur Energie. Ich muss nichts tun, um dadurch mit Gott in Ordnung zu kommen. Wer kann das schon? Doch weil ich den durch Kreuzestod Christi mit Gott in Ordnung gebracht worden bin, kann ich jetzt in Freiheit Liebe üben, Zeugnis geben, in einer Gemeinde dabei sein, auch in der Gesellschaft Verantwortung übernehmen. Und mich meines Lebens freuen.

Ein Christ tut nicht gute Werke, um dadurch selig zu werden, er tut gute Werke, weil er selig geworden ist. Christen können und wollen engagiert für andere leben und im Geist ihres Herrn präsent sein, wo Gott sie gebrauchen will. Der Glaube ist ein Geschenk, das durch das Evangelium und den heiligen Geist in unser Leben einkehrt. Wenn das Heil an der Tür unseres Lebens ankommt, geht es um unsere persönliche Grundentscheidung: „Wie viele ihn aber aufnahmen, denen gab er Macht Gottes Kinder zu werden, die an seinen Namen glauben" (Johannes 1,12).

Wer das liest und begreift, kann sein Leben mitten im Leben neu beginnen. Jetzt.

Ein Christ tut nicht gute Werke, um dadurch selig zu werden, er tut gute Werke, weil er selig geworden ist.

Die Angst vor sich selbst

Die Angst gehört zu uns Menschen wie unsere Haut. Sie hat eine Schutzfunktion, denn sie macht uns aufmerksam auf Gefahren. Sie spiegelt unsere Entwicklungen und Erfahrungen, in denen wir von Ängsten begleitet werden. In der Tiefe zeigt sie uns unsere Sterblichkeit. Die Angst hat tausend Gesichter. In immer neuen Variationen befällt sie die Welt, nicht nur den einzelnen Menschen. Ganze Epochen werden von ihr besetzt. Selbstverständlich waren es stets die Kriege, die Völker in Angst stürzten. Europa ist tief geprägt von den beiden „Weltkriegen" des zwanzigsten Jahrhunderts, die beide von unserem Volk und seinen Machthabern ausgelöst wurden. Es war ruhiger geworden um die „Atomkriegsangst", die jedoch wegen der Drohungen aus Nordkorea und Iran neu ins Bewusstsein steigt. Was uns hier interessiert, ist eine sehr persönliche Form der Angst.

Seit vielen Jahren kann man in der Literatur, in Filmen, vor allem aber in persönlichen Gesprächen beobachten, dass es eine Art der Angst gibt, die zu wenig bedacht wird: die Angst, die wir vor uns selbst haben. Psychoanalytiker haben sie in ihren Begriffen beschrieben. Gewiss gibt es Neurosen, die hier zu nennen wären, doch im allgemeinen Denken spricht man kaum von der Angst vor sich selbst.

Bis plötzliche Ereignisse uns in Verwirrung stürzen. Tessin heißt der Ort, aus dem die beiden 17-jährigen Gymnasiasten stammten, die auf grausame Weise ein Ehepaar im Dorf mit Messern wie in einem Blutrausch ermordet haben. Beide seien gut erzogen, kamen aus geordneten Verhältnissen, hatten Freunde im Dorf, das mit seinen etwa zweihundert Bewohnern im Westen Mecklenburgs liegt. Dort kennt jeder jeden und keiner hätte diesen beiden jungen Menschen irgendetwas Böses zugetraut. Also nichts mit asozial oder Drogen, einfach nur zwei bis zum Tag des Mordes völlig normal lebende junge Menschen. Die Eltern sind grenzenlos verzweifelt. Einer der Lehrer fragte immer wieder: „Was ist nur in ihren Köpfen vor sich gegangen". Der kleine nette Ort wird für immer gezeichnet sein. Wer kannte vorher das Dorf Tessin? Der Schweizer Kanton Tessin war uns bekannt. Doch jetzt ist das Dörflein Tessin in aller Munde und zum Namen für ein schreckliches Rätsel geworden.

Wirklich ein schreckliches Rätsel? Seit der Nachricht vom Doppelmord in Tessin bekommen viele Menschen die Angst vor sich selbst. Es ging ein Erschrecken durch ganz Deutschland. „Die Täter sind unter uns", hieß der Titel eines bekannten Magazins. Doppeldeutig zu lesen, denn der Täter kann offenbar in uns selbst stecken, nicht nur außerhalb unserer vier Wände. Wer sind wir eigentlich, wir wohlerzogenen Menschen, wir anständigen Leute? Liegen in uns etwa auch solche Zeitzünderbomben verborgen, die plötzlich hochgehen können? Es müssen ja keine Morde sein, Möglichkeiten des Bösen gibt es tausendfach.

Die so nüchterne Bibel hat durch die in ihr versammelten Geschichten, Zeugnisse und starken Sätze zu den dunklen Abgründen im Menschen deutliche Diagnosen gestellt. „Des Menschen Herz ist böse von Jugend auf." Vom Brudermord des Kain bis zum Selbstmord des Judas, der Jesus verriet – da kommt viel zusammen. Da kann einer schon Angst vor sich selbst bekommen.

Ich jedenfalls erschrak schon vor Tessin oft über mich selbst, nicht nur über die grausamen Vorgänge draußen auf dieser Erde. Was erleben wir doch in Gedanken, Träumen, Worten, Versäumnissen und Handlungen, wenn wir uns ehrlich beobachten. Auch wenn wir einmal richtig wütend werden. Da wird die Todesstrafe in unseren Gefühlen plötzlich wünschenswert, auch wenn wir sie sonst verachten. Wir erschrecken vor dem Bösen, weil es so normal geworden ist. Die beiden Schüler in Tessin sagten dem als Geisel genommenen Mädchen, dass die Tötung ganz einfach gewesen sei.

Wie gut, dass Jesus uns das Vaterunser gegeben hat, das wir „in seinem Namen" beten dürfen. Also von ihm überreicht und mit seiner Lizenz versehen. So können wir vor Gott erscheinen und auch den Satz beten: „... und erlöse uns von dem Bösen." Ob dieser Satz nun personal auf den Bösen bezogen ist, oder das Böse als Summe alles Bösen meint, es ist gut so zu beten. Jesus hat damals manchen Menschen von der Macht des Bösen befreit, die sie durcheinander brachte. Es war die Austreibung von Dämonen. Sie fuhren aus den Menschen heraus, so wird berichtet und die vom Bösen befreiten Menschen sprachen wieder ruhig und klar, sie taten nun weder sich selbst noch anderen Böses an. „Und erlöse mich von dem Bösen", das darf einer auch ganz persönlich beten, wenn er sich selbst nicht mehr über den Weg traut und anderen Menschen schon zur Gefahr wurde. Vielleicht auch „nur" durch Menschenverachtung und Verbreitung von gemeinen Gerüchten. Durch dieses Gebet wird die Angst vor sich selbst überwunden und ein befreiender Geist kehrt in uns ein. Dieses Gebet hätte manches in unserem Leben verhindern können. Noch einmal, es geht hier nicht nur um Mord und Totschlag, es geht um die innere Befreiung von allem Gemeinen und Bösen, was uns durch den Kopf irrt und in die Hände und Füße fahren kann. Jesus ist ein Freiheitsmann, er will auch heute als der Lebendige Menschen in die Freiheit führen.

Auch religiös?

Es gab Zeiten, in denen man über drei Gebiete nicht offen sprach: über seine Sexualität, über sein Bankkonto und über die eigene Religiosität. Die klassischen drei Tabus. Offenbar hat sich dieses deutlich verändert. Über die Sexualität wird bis hin zu sehr diskreten Fragen erstaunlich offen gesprochen. Über die persönlichen Finanzen immer noch nicht gerne. Doch über den persönlichen Glauben, sagen wir vorläufig vorsichtiger über die eigene Religion, scheint es immer besser zu laufen.

Die Bertelsmann Stiftung ist mit einer internationalen Studie an die Öffentlichkeit getreten. Man hat sich diesmal speziell der Religiosität junger Menschen zugewandt. Man glaubt die Ergebnisse kaum, weil sie so überraschend sind, doch ist es eine kompetente und sachliche Studie mit wissenschaftlichem Anspruch, die von ausgewiesenen Fachleuten geleitet wurde. Demnach sind weltweit 85 Prozent der jungen Menschen „religiös", 44 Prozent sogar „tief religiös", womit eine intensive Beschäftigung mit den religiösen Erfahrungen und deren Auswirkungen im Alltag gemeint ist. Nur 13 Prozent haben mit Gott und Glauben nichts am Hut. Für Deutschland ermittelt die Studie, dass zwei Drittel religiös sind und fast jeder fünfte junge Mensch sich als tief religiös erweist. „Die These, dass Religiosität von Generation zu Generation kontinuierlich schwindet, kann nach unseren weltweiten Erhebungen eindeutig widerlegt werden", sagt Martin Rieger, Projektleiter der Studie.

Die Studie macht mich nachdenklich und sie erfreut mich. Es hat mich oft wütend gemacht, wenn junge Leute zu keiner Nachdenklichkeit bereit waren. Ob nun politisch, oder kulturell, oder gar religiös. Diesmal sagt man nicht gleich Ja oder Nein zu den Institutionen und zum vorherrschenden Glauben, sondern man ist fragend, suchend, bereit zum Mitmachen, wenn der Event gut ist. Also die Musik, die Stimmung, die Begeisterung des Glaubens. Und eine packende Predigt.

Es geht um offene Fragen: Wer bin ich? Warum lebe ich? Gibt es so was wie Gott? Und wie kriegt man Kontakt zu den unsichtbaren Geheimnissen? Viele sind so wirklich auf die Spur des Glaubens gekommen. Auch weil ihnen „Wegweiser" begegneten. Der Glaube der Christen wird immer wieder als ein Weg beschrieben. „Die des Weges sind" nannten sich die ersten Christen. Christen sind dankbar und begeistert, dass sie den kennen und bekennen, von dem es im Evangelium des Johannes heißt: „Ich bin der Weg, die Wahrheit und das Leben." Der oft als ärgerlich empfundene Folgesatz: „Niemand kommt zum Vater denn durch mich" ist kein Absolutheitsanspruch, sondern das absolute Angebot Christi. Im riesigen Markt der Religionen sagt hier diese Gottesstimme: Ich verstehe euch, ich weiß um eure Sehnsucht und ich hebe eure Fragen und Sehnsüchte hoch empor. Und ich spreche euch die Erfüllung zu: „Ich bin es", den ihr sucht. Jesus Christus ist die Antwort auf unsere menschliche Religiosität. Er kritisiert sie nicht, sondern hilft den Suchenden zur Klarheit. Er ist im speziellen Sinne kein Religionsgründer, sondern die von Gott zu uns gesandte Antwort in Person. Im Blick auf Jesus erkennen wir Gott, nicht wie er aussieht, sondern wie er ist.

Ich lasse mich nicht bekehren

Meine Mutter – Gott hab sie selig – hatte eine Allergie gegen Primeln. Kam sie auch nur entfernt mit dem Blütenstaub einer Primel in Berührung, wurde ihr ganzes Gesicht rot und heiß. Die Allergie klang erst nach Tagen wieder ab. Damals fehlten noch die heute wirksamen Medikamente. Kam unsere Mutter in ein Haus, in dem sie eine Primel sah oder vermutete, wurde sie nervös, oft auch laut und verließ sozusagen fluchtartig das Gelände. Wir Kinder schämten uns manchmal für unsere Mutter, doch wir verstanden sie auch, wenn wir an ihre lästige Erkrankung dachten.

Wie es Mutter mit der Primel ging, ergeht es vielen, wenn sie bestimmte Worte der Bibel und des Glaubens hören. Sie bekommen sozusagen eine seelische und geistige Allergie und setzen sich ab. Die Worte „Buße" und „Bekehrung" haben in dieser Kategorie absoluten Vorrang.

Ich habe viel Verständnis für diese Reaktion, wenn Sie in die Nähe überanstrengter Christen kommen, die es leider zu allen Zeit gegeben hat. Ich meine damit nicht jene, die entschlossen zu ihrem Glauben stehen und auch andere zum Glauben ermutigen. Der Apostel Paulus gebrauchte jedoch harte Worte für die Verdreher des Glaubens. „Nehmt euch in acht vor den Hunden, nehmt euch in acht vor den böswilligen Arbeitern", riet er der Gemeinde in Philippi. Deutliche Worte. Er schreibt in seinem Brief an die Galatischen Gemeinden von „falschen Brüdern", die sich eingeschlichen haben und den Glauben fundamentalistisch verseuchen. Sie stellen Forderungen auf, die von der Lehre des Evangeliums nicht gedeckt sind. Sie wollten die Christen zu ihrer Art des Glaubens bekehren. Der Test bei allen sektierererischen Bewegungen und Lehren ist die Frage, ob die Menschenwürde gewahrt bleibt, ob Menschen in die Freiheit geführt werden oder sich unterwerfen sollen.

Das Wort Bekehrung gehört zum wichtigsten Wortbestand der Bibel, stand wie bei den Propheten so auch bei Jesus im Zentrum der Predigt. Doch lesen wir nichts von Fanatismus und Entwürdigung des Menschen, es ging um ein befreites Leben. In der bewussten Bindung an Gott treten wir ein in das Reich der Freiheit.

Um es auf den Punkt zu bringen, zitiere ich einen Kurzbericht über das Wirken von Jesus und den Kern seiner Botschaft. Am Anfang des Markus-Evangeliums, das ich wegen seiner präzisen Formulierungen besonders schätze, steht: „Nachdem aber Johannes (der Täufer) gefangen gesetzt war, kam Jesus nach Galiläa und predigte das Evangelium Gottes und sprach: Die Zeit ist erfüllt, und das Reich Gottes ist herbeigekommen. Kehrt um und glaubt an das Evangelium“ (Markus 1,14–15).

Ein faszinierender Bericht, man muss genau hinschauen. Nachdem Johannes, der Vorläufer Jesu gefangen genommen war und zur Belustigung einer Gesellschaft am Hofe des Herodes grausam enthauptet wurde, kam Jesus nach Galiläa und predigte die „Freudenbotschaft Gottes“. Er predigte nicht die Rache und den Zorn Gottes, sondern die absolut erfreuliche Nachricht von der Zuwendung Gottes zu seiner abgedrehten und durchgedrehten Menschheit. Das ist die Feindesliebe Gottes. Wir sehen sie am Kreuz, an dem Jesus Christus für uns stirbt, und wir hören sie in den Worten des Evangeliums. „Als wir noch Feinde waren“, schreibt der große Theologe Paulus, wurden wir „durch den Tod seines Sohnes“ bereits mit Gott versöhnt. Dieses Ereignis ist die Basis für die Wiedervereinigung der Welt und jedes Menschen mit Gott.

So wird aus dem Reizwort „Bekehrung“ ein gutes und spannendes Wort. Da ist nichts, was uns ärgern müsste, da ist alles gut und erfreulich. Es geht um die Lebenswende, wir können hinter uns lassen, was uns von Gott trennt und unser Leben ganz neu anfangen. Das Neue Testament spricht wortwörtlich von „neuen Menschen“, die so geboren werden. Gott sucht uns, bis er uns findet. Er freut sich über unsere Rückkehr wie der Vater in der Geschichte von der Heimkehr des „verlorenen Sohnes“, Das alles meint die Bibel übrigens auch mit dem Wort „Buße“. Da sind keine Hochleistungen im Büßen zu vollbringen, denn Christus hat alles am Kreuz für uns abgearbeitet. Er hat bitter gebüßt für uns, gerade darum können wir Buße tun. Das heißt gewiss auch, dass ich mich heulend schämen kann vor Gott, doch schon kann ich lachen und fröhlich sein. Wie der „verlorene Sohn“, dem der Vater die Tränen von den Backen küsste, als er endlich aus der Fremde wieder nach Hause kam. Und dann begann das große Fest. Die Musik spielte auf und die Tische bogen sich.

Der fabelhafte katholische Theologe Johann Baptist Metz schreibt in begeisternden Worten von der „Umkehr der Herzen“, ohne die der christliche Glaube nur Papier bleibt. Im Herzen, der Mitte der Existenz, beginnt das neue Leben. Und es breitet sich aus in alle Bereiche unseres Alltags. Nur so macht der Glaube Spaß, alles andere ist langweilig.

Martin Luther King

Der schwarze Baptistenpastor (1929–1968) galt als die führende Persönlichkeit der US-amerikanischen Bürgerrechtsbewegung und als Vordenker des gewaltlosen Widerstandes. Seine Kraft bezog er nicht aus einer politischen Theorie, sondern aus seinem leidenschaftlichen Glauben. Immer wieder konkretisierte sich sein Kampf an offenkundigen Ungerechtigkeiten wie der Rassentrennung in öffentlichen Verkehrsmitteln, die zum „Busboykott“ führte.

Aus dem schwarzen Bürgerkomitee von Montgomery (Alabama) entwickelte sich die „Southern Christian Leadership Conference“, die im amerikanischen Süden wirkte und ansteigend auch von weißen Jugendlichen, Intellektuellen und Kirchenleuten unterstützt wurde. Die für schwarze Bürger verschlossenen Türen zu Schulen, Gaststätten und kulturellen Einrichtungen wurden immer deutlicher zu einem gesellschaftlichen Skandal. 1963 organisierte King mit seinen Freunden aus allen Schichten den Sternmarsch von 250 000 schwarzen und weißen Bürgern nach Washington, wo er seine berühmte Rede „I have a Dream“ hielt. Ein Jahr später erhielt Martin Luther King in Oslo den Friedensnobelpreis. Am 4. April 1968 erschoss ihn ein junger Weißer in Memphis (Tennesee). Nicht bei einem Gottesdienst oder einer kirchlichen Veranstaltung, sondern als er den Streik der ungerecht behandelten schwarzen Müllfahrer von Memphis anführte.

Der Mann, der an der Harvard University studierte und in Theologie und Philosophie promovierte, blieb nicht im Elfenbeinturm des Intellektuellen, sondern wandte sich radikal den Armen und Entrechteten zu. „Vor 2000 Jahren sagte eine Stimme aus Bethlehem, dass alle Menschen gleich sind." Solche Sätze eilten durchs Land und erreichten mehr und mehr auch die Politiker und die führenden Journalisten in den Metropolen. Gegen die Kritik aus konservativen Kirchenkreisen, dass er das Evangelium politisiere, wehrte sich King eindrucksvoll. Eine Kirche, die zu Rassismus und Ungerechtigkeit schweige, würde Christus im Stich lassen. „War nicht Jesus ein Extremist der Liebe?" Wer das Evangelium kannte, konnte dem auf Dauer kaum widersprechen. „Als Christen dürfen wir nicht nur an himmlische Wohnungen denken, wir müssen auch an die Elendsviertel und Gettos denken, in denen die menschliche Seele verkrüppelt." Sein Denken wurzelte ganz im Evangelium Jesu Christi. Er wollte die Gegner nicht vernichten, sondern überzeugen und gewinnen. Seine Verehrung für den Inder Gandhi machte ihn nur noch mehr zum Nachfolger Jesu mitten in der Gesellschaft.

Er schrieb aus einem seiner Gefängnisaufenthalte an die weißen Rassisten: „Tut mit uns, was ihr wollt. Werft uns ins Gefängnis, wir werden euch trotzdem lieben! Werft Bomben in unsere Häuser, bedroht unsere Kinder, wir werden euch trotzdem lieben! Eines Tages werden wir die Freiheit gewinnen. Aber sie wird nicht nur für uns selbst errungen werden. Wir werden so lange an euer Herz und an eure Seele appellieren, bis wir auch euch gewonnen haben."

Martin Luther King war ein Märtyrer der radikalen Liebe. Er wurde am 4. April 1968 auf dem Balkon eines Motels in Memphis durch einen Schuss ermordet. Ob Christen oder Nichtchristen, wir dürfen ihn nicht vergessen.

Tut mit uns, was ihr wollt.
Werft uns ins Gefängnis,
wir werden euch trotzdem lieben!
Werft Bomben in unsere Häuser,
bedroht unsere Kinder,
wir werden euch trotzdem lieben!
Eines Tages werden wir
die Freiheit gewinnen.
Aber sie wird nicht nur für uns
selbst errungen werden.
Wir werden so lange an euer Herz
und an eure Seele appellieren,
bis wir auch euch gewonnen haben.

(Martin Luther King aus dem Gefängnis)

Zweimal drei Artikel

Eine Information

In der weltweiten Christenheit gibt es ein Dokument ganz besonderer Art, das in den meisten Kirchen zu Hause ist. Es ist das „Apostolische Glaubensbekenntnis", auch Credo genannt. Credo heißt „Ich glaube", es sind die ersten beiden Worte dieses altkirchlichen Bekenntnisses. In der Liturgie, der Feier des Gottesdienstes, wird es gemeinsam und stehend gesprochen. Viele sprechen es mit geschlossenen Augen wie ein Gebet. Besser wäre es, wenn sich die Christen in einen Kreis stellten und es einander mit offenem Angesicht zusprechen würden. Es dient der Klärung des Glaubens nach innen und nach außen. Spirituell und missionarisch.

Das Glaubensbekenntnis hat drei „Artikel", in denen die frühe Kirche die wesentlichen Wahrheiten des Glaubens komprimiert zusammengefasst hat. Der erste Artikel bekennt Gott als den Schöpfer des Universums und des Menschen. Der zweite Artikel bekennt Jesus Christus als den Sohn Gottes, den Heiland aller Menschen und den Herrn der Gemeinde. Der dritte Artikel bekennt den heiligen Geist, in dem der lebendige Gott gegenwärtig ist, die Kirche beruft und den Glaubenden die Gewissheit des Glaubens schenkt.

Haben, Können, Wissen

Doch aufgepasst, es gibt ein säkulares Credo, das wir Zeitgenossen kaum mit Worten bekennen, doch ganz konsequent zu leben verstehen. Es schleicht sich in alle Bereiche des Lebens wie eine Schlange. Es hat auch drei Artikel:

– Erster Artikel: Hast du was, dann bist du was.
– Zweiter Artikel: Kannst du was, dann bist du was.
– Dritter Artikel: Weißt du was, dann bist du was.

Die Macht des Habens

Die Macht des Habens ist für uns Erdenbürger faszinierend. Der Mammon sei „geronnene Macht", hat ein Theologe vor langen Jahren geschrieben (Adolf von Harnack). Er bezog sich auf das Jesuswort aus der Bergpredigt: „Ihr könnt nicht Gott und dem Mammon dienen." Ein starkes Wort gegen die verantwortungslose und egoistische Jagd nach Geld und Besitz. Jesus ging es nicht um die radikale Ablehnung von Eigentum. Sein Wort richtete sich jedoch radikal gegen die Abschiebung Gottes aus dem Leben und die Einsetzung des Mammon an die Stelle Gottes. Das 1. Gebot der zehn Gebote zieht sich durch die ganze Glaubensbotschaft der Bibel: „Ich bin der Herr, dein Gott, du sollst nicht andere Götter haben neben mir." Götter sind Götzen und dienen als Gottesersatz. Wer Gott aus seinem Leben entfernt, muss dafür einen anderen Halt herstellen. Er nimmt dafür die Sachen dieser Welt und dahinter sich selbst, er macht Dinge und sich selbst zum Gott seines Lebens.

Nun wird kaum einer von uns unter der Last von dicken Konten leiden. Und doch stellen wir die Frage, ob der Sinn des Lebens in der Befriedigung des Artikels „Hast du was, dann bist du was" besteht. Es gibt ja viele Spielarten der Macht als persönliche Befriedigung. In Ehen gibt es Machtausübung. Ebenso in der Beziehung von Schülern und Lehrern. In der Wirtschaft wie auch in der Politik wird oft entsetzlich gleichgültig über das Schicksal von Menschen entschieden. Der Egoismus ist auf allen Gebieten des Lebens Machtausübung. Wer ist der Chef in meinem Leben?

Ist es eine fremde Macht oder ist es „die Macht der Liebe", von der ein Choral singt. „Die sich in Jesus offenbart", lautet die Fortsetzung der Liedstrophe. Der Glaube an Jesus führt in uns zu einer Revolution des Denkens und der Lebensgestaltung. Jedenfalls kann er es. „Was ist das Geheimnis ihres Lebens?", wurde Mutter Teresa in Kalkutta gefragt. „Mein Geheimnis ist einfach", antwortete sie, „Christus lebt in mir." Die Umkehr zu Gott ist stets ein Herrschaftswechsel.

Können als beherrschendes Prinzip

Können ist das beherrschende Prinzip des Lebens in der Gesellschaft. Ein Mensch ist so viel wert, wie er etwas kann und vermag. „Ich kann alles", sagte ein munterer Handwerker. Damit bot er bei einer Arbeit im Hause seine Bereitschaft zur Hilfeleistung an. Man freute sich, er gab nicht an, er bot seine Hilfe an. Das ist gut so. Wenn wir zu einer Operation in eine Klinik müssen, gehen wir davon aus, dass der Chirurg es kann, dass er ein Könner in seinem Fach ist. Auch das ist total normal. Niemand wird dem widersprechen. Problematisch wird es jedoch, wenn das Prinzip „Kannst du was, dann bist du was" zum Credo wird, also zur Bestimmung unseres Lebens. Hier wird das Können zur Qual, weil es uns hetzt und zwingt, uns überfordert und am Ende wortwörtlich krank macht. Oder auch arrogant und stolz.

Man gehe in eine Einrichtung, die sich um körperlich und geistig begrenzte Menschen kümmert. Da strahlt mich ein junger Mann an, der ein Down-Syndrom hat. Er hat also eine genetisch bedingte Entwicklungsstörung, die sich auch in seinem Erscheinungsbild zeigt. Er kann kaum etwas leisten, er ist geistig und körperlich eingeschränkt, doch er fegt im Herbst mit Begeisterung die Blätter vom Bürgersteig und trägt mittags das Geschirr in die Küche. Und er lacht fröhlich wie viele seiner Art. Der zweite Artikel des säkularen Credos ist die pure Verachtung dieses jungen Mannes. Er ist ein vollgültiges Geschöpf Gottes, sein Wert lässt sich und darf auch nicht nach dem Können und der Leistung gemessen werden. Gleiches gilt für gering begabte Schülerinnen und Schüler. Auch für alt gewordene Frauen und Männer, die oft nur noch tapfer ihren persönlichen Alltag bewältigen können.

Es gibt einen Riesensatz von Paulus, dem Apostel, der selbst an einer offenbar schweren Belastung litt: „Ich vermag, kann alles durch den, der mich mächtig macht. Christus." Das ist kein Leistungsprinzip, sondern ein Glaubensweg, den er geht. „Ich kann niedrig sein und kann hoch sein; mir ist alles und jedes vertraut: beides, satt sein und hungern, beides, Überfluss haben und Mangel leiden." Das ist ein Protest gegen die Verachtung der Geringen und Schwachen, dabei keine Verachtung der Starken und Könner, doch alles hängt in dem Satz zusammen: „Christus hat mich ergriffen."

Wissen ist Macht

„Wissen ist Macht." Da haben wir es wieder. Wir müssen uns nicht lange darüber unterhalten. Die Linie unserer Besinnung ist klar erkennbar. Man spricht vom Wissensvorsprung, er wird in der Industrie und in der Politik voll genutzt. Das ist nicht prinzipiell falsch, denn ein Forscher kämpft geradezu um Erkenntnisse, die zu Ergebnissen werden. Nur so kommen sie oder er oder das Team voran in der Forschung. Auch Reporter und Journalisten insgesamt wollen eine Meldung möglichst schnell in ihr Blatt bringen. Das ist ihr Beruf und es ist okay.

Wenn jemand jedoch die Begabung mit einer hohen Intelligenz und durch Studium erworbene Kenntnisse zur seelischen und beruflichen Unterdrückung anderer Menschen nutzt, ist alles total verkehrt. Und wenn er gar meint, dass er mit seinem Gehirn die „Wahrheit des Evangeliums" (Galater 2, 5.14) beseitigen kann, überschreitet er Grenzen, die ein vernunftbegabter Mensch achten sollte. Das ist keine fromme Phrase, auch wenn ein Leser es so empfinden sollte, sondern ein guter Rat. Wenn die Vernunft vernünftig ist, weiß sie, dass auch sie begrenzt ist und sich nicht unseriös gebärden sollte. Gott ist ein ausgesprochener Freund der Vernunft, darum heilt er sie und öffnet sie für seinen guten heiligen Geist.

In der Erklärung zum dritten Artikel des Apostolischen Glaubensbekenntnisses schreibt Martin Luther: „Ich glaube, dass ich nicht aus eigener Vernunft noch Kraft an Jesus Christus, meinen Herrn glauben und zu ihm kommen kann, sondern der Heilige Geist hat mich durch das Evangelium berufen, mit seinen Gaben erleuchtet, im rechten Glauben geheiligt und erhalten ..." Um diesen guten Geist darf einer beten, und er kommt.

Das Problem der Toleranz

Natürlich sind wir tolerant, was denn sonst? Wir akzeptieren jede Meinung und Lebensauffassung. Aus Prinzip. Leicht gesagt und ungeprüft. Da muss man genauer werden. Aus Prinzip tolerant sein, kann lebensgefährliche Folgen haben. Wenn alles richtig und gleich wichtig ist, ist schließlich nichts mehr richtig und wichtig. Alles löst sich auf wie der Schnee in der Sonne. Das hohe ethische Gut der Toleranz gegenüber Andersdenkenden und Anderslebenden muss mit Vernunft und Verstand und gewiss auch im Glauben gepflegt und gelebt werden. Es darf nicht sein, dass jemand sich tolerant nennt, weil er keine eigenen Überzeugungen hat und sich im Leben nur schlecht auskennt. Also aus Bequemlichkeit und Denkfaulheit tolerant. „Zum Kotzen", sagt einer meiner Freunde da. Toleranz ist kein Wackelpudding.

Toleranz kommt vom lateinischen Verb tolerare und bedeutet „ertragen", „erdulden", „aushalten" oder auch „zulassen". Wenn einer wirklich denkt und bewusst lebt, wird ihm bald klar, dass Toleranz in einem gesetzlichen und ethischen Rahmen verantwortet werden muss. Es ist absolut nicht intolerant, wenn jemand antisemitischen Sprüchen und Witzen hart widerspricht. Verantwortlich lebende Menschen in unserem Land werden nazistische Tendenzen und Parolen nicht tolerieren. Ich bin absolut nicht tolerant, wenn pädophile Männer kleine Kinder missbrauchen. Übrigens, alles, was Böse ist und gegen die Gesetze geht, ist nicht zu tolerieren.

Nach diesen Klarstellungen, die noch erweitert werden können, nun zur Toleranz im guten Sinne des Wortes und der ethischen Verpflichtung. Wenn jemand einen anderen Glauben hat, begegne ich ihm mit Toleranz. Was nicht bedeutet, dass ich meine spirituelle Überzeugung verschweige. Ich werde ihm redlich und freundlich das Gespräch anbieten. Und ihn nicht bedrängen, sondern ihm zuhören. Oft praktiziert mit guten Erfahrungen. Für Christen geht es hier um Wahrhaftigkeit in Liebe. Ähnlich gilt es für unterschiedliche politische Überzeugungen und Meinungen über gesellschaftliche Vorgänge. Zur Wahrhaftigkeit gehört auch, dass man um die Wahrheit kämpfen kann. Es muss nicht intolerant sein, sich zu streiten. Die Wahrheit ist zu kostbar, als dass man sie für selbstverständlich hält. Doch ich muss dabei auch hören und mich in Frage stellen lassen können. Ein Zeuge Jesu sein heißt in seiner Urbedeutung, dass jemand mit Leib und Leben für die erkannte „Wahrheit des Evangeliums" einsteht. Doch das hat nichts mit Fundamentalismus und Fanatismus zu tun. Wer seine innerste Überzeugung einfach wegwirft, kann kein überzeugendes Gegenüber mehr sein.

Aber ist „das Christentum" nicht im Kern intolerant? Bekennt sich dieser Glaube nicht zur Exklusivität Christi als des Heilandes aller Menschen auf dieser Erde? Ja, das tut er, aber nicht in Verachtung und Geringschätzung anderer Überzeugungen. Respekt gegenüber dem Anderen ist Wesen des Glaubens an Jesus Christus. Er selbst war kein aufgeregter Fanatiker, sondern ein mutiger Mann und Freund der Verachteten und religiös Ausgegrenzten. Er sprach liebevoll über den „barmherzigen Samariter", der damals ein „Heide" war und dem Verletzten am Wege half. Die Jesusbotschaft ist das „absolute Angebot" Gottes an die Menschheit.

Am Kreuz betete Jesus für seine Mörder und die brüllende Menge unter ihm: „Vater, vergib ihnen, denn sie wissen nicht, was sie tun." Null Verachtung, sondern Liebe. Toleranz heißt tragen, ertragen, erdulden. Worte, die zu Jesus passen, doch er handelte aus Erbarmen. Er trug unsere Schuld hinweg – ein Urbekenntnis der Christenheit. Christen müssen jeden Menschen als Geschöpf Gottes und einen von Gott geliebten Menschen ansehen.

✓

Respekt gegenüber
dem Anderen ist
Wesen des Glaubens
an Jesus Christus.
Er selbst war
kein aufgeregter Fanatiker,
sondern ein mutiger Mann
und Freund
der Verachteten und
religiös Ausgegrenzten.

Der Mann auf der Trittleiter

Kennen sie Arno? Arno heißt mit vollem Namen Arno Backhaus. Aber seine Freunde nennen ihn einfach Arno. Arno steht immer irgendwo rum. Meistens steht er den Leuten im Weg. Manche schütteln den Kopf über ihn. Aber das stört Arno nicht. Arno mag Menschen. Auch seine Kritiker. Er möchte ihnen den Weg zurück zu Gott zeigen.

Einmal steht Arno irgendwo in Thüringen auf einem großen Weihnachtsmarkt. Arno steht also wieder rum. Diesmal auf einer hohen Trittleiter. Mitten unter den Marktbesuchern, aber eben so, dass ihn jeder sehen kann. Um den Hals trägt er ein selbst gemachtes Plakat, vermutlich sogar zwei, eines hinten und eines vorne. Auf dem Plakat steht in großen Buchstaben:

Warum feiern Sie den Geburtstag von Jesus so aufwändig, Sie nehmen ihn doch sonst nicht so ernst?

Arno hat es mir letztens am Telefon erzählt. Gewiss kriegt er wieder Ärger mit verschiedenen Leuten. Man zeigt ihm den Vogel. Sagt: Siehst du den Bekloppten dort auf der Trittleiter? Fromme Christen werden denken, das sei doch nun wirklich übertrieben. Der macht doch unseren Heiland lächerlich. Atheisten werden denken, dass Religionen die Menschen irgendwie verrückt machen. Biedere Bürger werden auch diesmal wieder über Arno schimpfen. Ist doch unmöglich! Die Kinder werden lachen und sagen: Mama, siehst du den Mann dort oben, was steht denn auf dem Schild? Und Mama wird in Erklärungsnot kommen.

Dabei ist es ja eine immer schon aktuelle Frage, die nach dem Aufwand, den wir in der Adventzeit treiben. „Haben sie schon die Weihnachtsgeschenke gekauft?“ Dauernd wird man so gefragt. Die Menschen wollen einander Freude machen. Prima ist das, doch was hat Jesus damit zu tun? Eigentlich alles. Ohne Jesus feiern wir nur ein religiöses Volksfest.

Der Heiland (Retter) der Welt ist doch keine Babypuppe. Ihn ernst nehmen heißt, sich über ihn freuen. Und sich für ihn entscheiden. Hören Sie die Glocken läuten? Nicht nur vom Turm der Citykirchen oder der Dorfkirche, sondern ganz still und tief im eigenen Herzen.

Warum ist unser Gott, der Schöpfer Himmels und der Erden, so tief eingestiegen in die Welt? Bis in die Geburt des Kindes mit Namen Jesus? Aus Liebe. Hier muss nicht lange philosophiert werden. Es ist die Topnachricht der ganzen Bibel. Gott ist kein metaphysisches Gespenst irgendwo hinter dem All, sondern der nahe Gott. Gott ist herabgekommen zu uns. Ich nenne ihn den „heruntergekommenen Gott“. Gott hat uns nicht allein im Weltall hängen lassen, obwohl wir ihn verlassen haben. Durch Liebe holt er uns wieder zurück. Gott mag nicht ohne Sie und mich Gott sein. Die Liebe hat ihn in die Tiefe getrieben.

Und wir? Ab heute wird zurück geliebt. So verstehen die Christen Gott und den Glauben. Nun kann das Aufatmen und Durchatmen des Glaubens beginnen. Gott ist da – ganz nah.

Der Skandal des Kreuzestodes Jesu

Wir erinnern uns: Die dänische Zeitung Jyllands-Posten brachte Mohammed-Karrikaturen heraus, die großen Wirbel in der muslimischen und christlichen Welt hervorriefen. Mehrere Zeitungen des nordischen Landes solidarisierten sich daraufhin mit Jyllands-Posten und druckten die Karrikaturen ebenfalls. Das wurde einerseits gelobt und andererseits kritisiert.

Wenn man sich diese Erzeugnisse in Google ansieht, fühlt man sich kaum amüsiert, doch mir kommt die Frage, ob es anständig und vernünftig ist, Religionen mit Witzen und entsprechenden Bildern zu verhöhnen. Die Christen und Kirchen befinden sich hier in einer merkwürdigen Situation. Ihnen ist das alles nämlich keinesfalls fremd. Das erste optische Bild von Jesus, dem gekreuzigten Gottessohn, ist ausgerechnet eine Karikatur. Man fand sie als Graffito an der Wand eines Gymnasiums auf dem Palatin in Rom, in dem begabte Sklaven für den Dienst am kaiserlichen Hof ausgebildet wurden. Es hängt eine Menschengestalt mit einem Eselskopf am Kreuz und daneben steht griechisch in die Wand gekratzt die Verspottung eines vermutlich jungen Christen unter den Studierenden: „Alexamenos betet seinen Gott an." Du hast einen total idiotischen Gott, will die Karikatur sagen, deine Religion ist ein Nonsens, ein Unsinn.

Wie genau hat doch der erste Darsteller des Kreuzes Christi den Kern des Problems getroffen. Lassen wir den Eselskopf weg, ist die Schmiererei tatsächlich eine Dar-

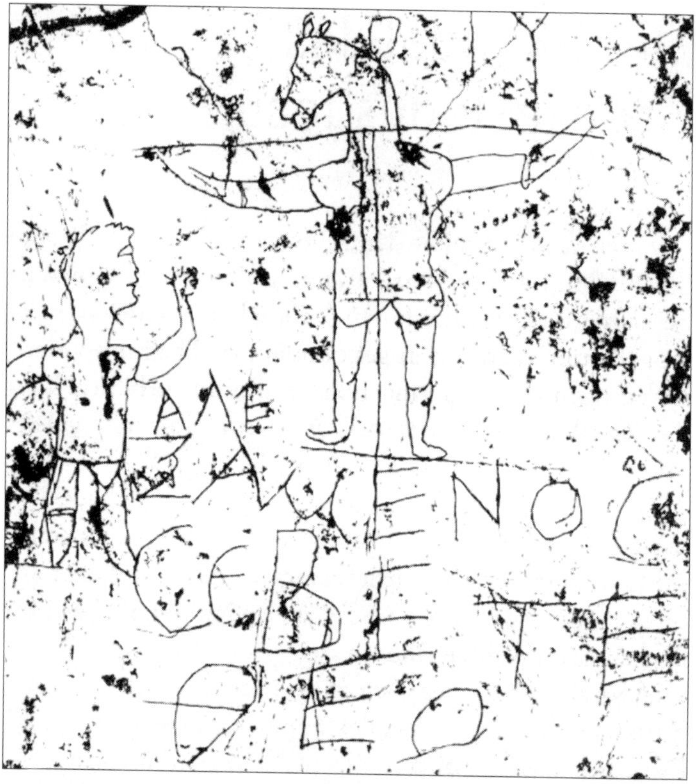

stellung des Kreuzes. Sogar die Verhöhnung ist historisch verantwortbar. Der Gekreuzigte wurde zu allen Zeiten verspottet und verachtet. Auch diese Hinrichtung wurde als Volksfest erlebt und man lästerte kräftig. „Den Juden ein Ärgernis und den Griechen eine Torheit“, sagt Paulus. Ein Skandal und ein Blödsinn war das „Wort vom Kreuz“ für die frommen Juden und die gebildeten Griechen. Unglaublich, Gott hat sich nicht nur im zarten Kind in der Krippe von Bethlehem für uns von Gott getrennte Menschen „offenbart“, gezeigt, bekannt gemacht, sondern auch in dem wie ein Verbrecher hingerichteten Jesus am Kreuz draußen vor der heiligen Stadt. Das Kind konnte ja noch als lieblich verstanden werden, doch ein kaputter gekreuzigter Jesus als Zeichen der grenzenlosen Liebe

Gottes, das war wohl doch reichlich übertrieben und in keinem religiösen Denksystem unterzubringen.

Gott in Christus am Kreuz. Kein Spötter konnte jemals darauf kommen, dass dies der zentrale Inhalt der Befreiungsbotschaft des Evangeliums ist. Evangelium heißt Freudenbotschaft. Am Kreuz Christi hat Gott die Schuld der ganzen Menschheit von Adam und Eva an abgeladen. Er hat sie auf Jesus Christus gepackt. Er ist ganz tief nach unten gekommen, tiefer ging es nicht mehr, um uns frei zu machen und heim zu holen. Wer das glaubt, wird selig.

Und wir im 21. Jahrhundert? Wir tragen das Bild des Gekreuzigten am Kettchen um den zarten Hals. Es diente immer wieder als Symbol der Ehrung, ob auf Orden und Ehrenzeichen, oder auch passend in Kirchen und unpassend in Gerichtssälen. Wir haben das absolut nicht göttlich-schöne Bild des hingerichteten Jesus bei uns eingeordnet, es in das Museum für religiöse Altertümer gestellt und damit für den Glauben gefährlich demoliert. Das Kreuz und die Kreuzesbotschaft müssen ihre provozierende Fremdheit behalten. Das ist doch der Kern ihrer Wahrheit. So tief und radikal kam Gott zu uns in die Welt.

Muss man am Karfreitag traurig sein? Nein, es ist ein Befreiungstag, ein Fest der Liebe Gottes. Doch ganz ehrlich werden vor Gott, sich als schuldig vor Gott bekennen, das passt präzise zu diesem Tag. Die römisch katholische Kirche betont schon in der Passionszeit das Ostern der Auferstehung Christi. Das ist gut so, wenn damit nicht „das Wort vom Kreuz" ausgeblendet wird. Ich komme unter das Kreuz, beuge mich und freue mich. Mit der ganzen Christenheit und allen, die noch dorthin kommen werden.

Detektivbüro Argus

Das soll es geben, nicht nur im Kino. Der Ehemann bezahlt einen Detektiv, der die Ehefrau überwacht. Er traut ihr nicht. Geht sie etwa fremd? Sie ist so oft unterwegs und besucht angeblich irgendwelche Leute. Der Detektiv folgt der Dame unauffällig auf ihrem Weg. Sie geht rasch in die Wohnung Goethestraße 17, zweiter Stock rechts. Dort geht das große Licht an und nach einer Weile aus. Es bleibt nur noch ein Schimmer im Hintergrund. Vermutlich die Nachttischlampe. Was denn wohl sonst? Der Mann vom Detektivbüro Argus hat alles mit seiner schnell arbeitenden Kamera festgehalten. Bald entfernt er sich, der nächste Fall wartet.

Nach einer Weile geht unten die Tür auf. Die Dame führt einen sehr alten Mann am Arm sorgfältig die Treppe hinunter, geht mit ihm über die Straße in den kleinen Park gegenüber. Sie führt ihn offensichtlich „an die Luft" und macht mit dem gebrechlichen Herrn einen ruhigen Spaziergang. Die engagierte Frau gehört dem Verein „Senioren-Hilfe" an, der es sich zur Aufgabe gemacht hat, einsame alte und kranke Menschen zu besuchen und ihnen auf verschiedene Art zu helfen.

Das ist die grobe Art, doch diese „Detektei Argus" gibt es überall. In Büros und Nachbarschaften, in Schulen und auf der Straße. Sogar in der Kirche und frommen Gruppen gibt es diese Privatdetektive. Sie arbeiten nicht mit der Kamera, sondern mit stechend scharfen Augen und stets auf Empfang gestellten Ohren. Manchmal sind sie alt, doch immer hellwach.

Weißt du schon, der Chefarzt soll etwas mit der Schwester Inge haben. Unser Bürgermeister ist ein ganz scharfer Hund. Herr Maier, der mit einem Fernrohr abends die Sterne beobachtet, hat gesehen, dass die Sekretärin nach Dienstschluss ganz lässig auf der Schreibtischkante des Bürgermeisters saß. Die Schulzes haben sich schon wieder Möbel gekauft. Ob der Schulze nicht doch so nebenbei seine Geschäfte mit Baumaterial macht. Er kennt doch die Adressen aus dem Betrieb. So schleicht die tödliche Gerüchteschlange durch Schulen, Büros, Nachbarschaften, auch durch „christliche Kreise". Liebe, Vertrauen, Achtung, Wahrhaftigkeit gehen vor die Hunde. Das Misstrauen zerstört auch gute Beziehungen.

Mir hilft, was Jesus in der Bergpredigt zu diesem Thema sagte: „Warum kümmerst du dich um den Splitter im Auge deines Bruders und bemerkst nicht den Balken in deinem eigenen? ... Du Scheinheiliger, zieh erst den Balken aus deinem eigenen Auge, dann kannst du dich um den Splitter im Auge deines Bruders kümmern" (Matthäus 7,1–5). Ein groteskes Bild, doch wir sollen begreifen, was jetzt dran ist. Alles Spionieren ist schon vorweg nicht okay, doch wenn einer dann noch den Balken im eigenen Auge oder das Brett vor dem Kopf bei sich selbst nicht erkennt, wird es richtig gemein.

Von dem früheren Bundespräsidenten Gustav Heinemann (1969–1974) stammt das Bild, das er selbst bei einer Rede vorgeführt hat: Wer mit dem Zeigefinger auf jemand zeigt, sollte nicht übersehen, dass mindestens drei Finger auf ihn selbst zeigen.

Jesus fährt allen Moral-Detektiven und Privatrichtern in die Parade: „Verurteilt nicht andere, damit Gott euch nicht verurteilt."

Die drei gefährlichsten Buchstaben

Zu Beginn seiner Predigt über die Liebe stellte der Pastor der Gemeinde die Frage: „Was sind die drei gefährlichsten Buchstaben im Alphabet?“ Es dauerte eine kleine Minute, doch dann kam deutlich hörbar aus der versammelten Gemeinde der Zuruf: „ICH“. Also I - C - H. Ehrlich, daran hatte ich nicht gedacht. Doch seither geht mir dieser Gedanke nach wie ein Ohrwurm. Es gibt ja wirklich viele Probleme mit dem „Ich“. Ganz allgemeine, die mich an meinen Deutschlehrer erinnern. „Fangt nie einen Aufsatz mit ‚Ich‘ an“, war sein Rat. Seither zögere ich stets instinktiv beim „Ich“ in einem Manuskript oder Brief. Es gibt noch mehr Beispiele.

Doch kommen wir zum „Ich“ in der gefährlichen Art. Es ist aus dem griechischen Sprachraum als „Ego“ in unsere Sprache eingegangen. Ein Mensch ist egoistisch, egozentrisch und als krankhafte seelische Variante kommt noch die Egomanie dazu. Das ganze Leben ist in sich verkrampft. Das „Ego“ als gesunde Personmitte geht kaputt, der Mensch ist auf dem Egotrip. Wenn keine Hilfe von außen kommt. Viele Wörter kommen ins Spiel: Das dicke Ich, das fromme Ich, man ist ichsüchtig und ichbezogen… Ende, es reicht.

Wer hier Probleme hat, ist höchst gefährdet, weil er seine eigene Würde kaputt macht, das hält die Seele nicht aus. Auch sein Umgang mit sich selbst wird für ihn gefährlich. Wer gegen seine innerste Wahrheit lebt, wird krank. Das Problem jedoch ist, er merkt es nicht. Dieser Mensch gefährdet die Situationen um sich herum. Die Ehe leidet, oder es geht ihm eine Beziehung nach der anderen in die Brüche. Gefährlich wird es, wenn der hier bedachte Typ „Macht" über andere hat. Als Pädagoge, als Mediziner, als Chef, als Leiter einer Gruppe, als Schüler/in oder Student/in in den Alltagsbeziehungen. Im schlimmsten Falle verbreiten wir das Gift der Lieblosigkeit und verderben mehr als die Atmosphäre.

Was ist zu tun, gibt es Hilfe? Manche Christen sprechen von der „inneren Heilung". Gemeint ist eine bis ins Innerste reichende Erneuerung. In der Bibel gibt es das Wort „Buße", das viele für ein widerlich frommes Wort halten. Das aber kommt durch die Entleerung oder durch eine negative Tradition in den Kirchen. Im Mittelalter war die Buße ein hartes Geschäft, man musste büßen, sich sogar selbst strafen, gebeugt in Seele und Leib. Martin Luther nannte die Buße dagegen „ein fröhliches Geschäft". Gott kommt uns wie der Vater in dem von Jesus so wunderbar erzählten Gleichnis entgegen und nimmt uns in die Arme. Nachzulesen in Kapitel 15 des Lukas-Evangeliums. Der Sohn in der Fremde „schlug in sich", nicht um sich, und kam heim. Diese Umkehr ist die Heimkehr zu Gott. „Dieser mein Sohn war tot und ist wieder lebendig geworden; er war verloren und ist wieder gefunden worden."

Die Macht der Gewaltlosigkeit

Vor vielen Jahren saß ich als sehr junger Pastor in Wiesbaden in der Wohnung von Martin Niemöller, der viele Jahre in einer Zuchthauszelle der Nazis inhaftiert war. Wir kamen auf den indischen Freiheitskämpfer Mahatma Gandhi zu sprechen. Niemöller war als einziger Vertreter der Weltchristenheit neben Persönlichkeiten aus anderen Religionen und Kulturen zu einem besonderen Treffen der Ehrung des Mahatma nach New Delhi eingeladen worden. Er erzählte mir von einem Jesusbild, das im Arbeitszimmer von Gandhi hing, auf dem der Satz geschrieben stand: „Er ist unser Friede" (Epheser 2,14). „War Gandhi ein Christ?", fragte ich den international bekannten Kirchenmann. Er schwieg zunächst und sagte dann dem Sinne nach bedächtig: „Dem Bekenntnis nach wohl nicht, doch er handelte wie ein Christ."

„Ich glaube, dass Gewaltlosigkeit der Gewalt himmelhoch überlegen ist, dass Vergebung männlicher ist als Vergelten." So Gandhi, der am 30. Januar 1948 auf einer Straße in Delhi von einem Terroristen erschossen wurde. Doch im Sterben auf der Straße vergab er noch hörbar seinem Mörder. Gandhi, ein Prophet der Gewaltlosigkeit, von dem Martin Luther King jun., der amerikanische Freiheitskämpfer viel gelernt hatte.

Doch jetzt von ganz oben auf unsere Ebene heruntergeholt: Was kann der mit eigenem Blut unterschriebene Satz des Inders für junge und schon ältere Menschen im 21. Jahrhundert hier in Deutschland bedeuten? Der Gedanke der Gewaltlosigkeit kommt aus der Bergpredigt Jesu. „Liebt eure Feinde und bittet für die, die euch verfolgen“ (Matthäus 5,44). Gandhi kannte das Neue Testament. Sind wir Christen, können wir mit der Vergebung beginnen. Da sind wir mitten im Alltag unseres Lebens, gleich wer und wo und was wir sind.

Ein Lehrer hat einen Schüler, eine Schülerin gekränkt, er oder sie vergeben ihm still in ihren Herzen. Oder umgekehrt, der Lehrer wird von einer Clique in der Klasse deutlich missachtet, doch er hält seine friedliche Gesinnung durch. Vergebung ist stärker als Vergelten. Männlicher mag ich nicht sagen, denn es gibt starke Frauen, die ihren Männern tapfer viel vergeben. Wer vergibt, gibt das Gemeine und Falsche nicht zurück. Er durchbricht den zerstörenden Kreislauf. So kann man in alle Bereiche des Lebens gehen und sich vom Geist der Versöhnung infiziert „gewaltfrei“ verhalten. Was beten die Christen? „Und vergib uns unsere Schuld, wie auch wir vergeben unseren Schuldigern.“ Wer etwas von der Vergebung seiner Schuld durch Gott weiß, kann sie weitergeben an Menschen, die an ihm schuldig geworden sind. Gandhi war kein Christ. Er handelte wie ein Christ. Und berief sich dabei auf Jesus. Wir überlassen ihn am besten Gott selbst. Wir aber können bewusst Christen werden und sein. Unser Leben kann mitten im Leben noch einmal ganz neu beginnen.

Der Doppelpunkt

Sören Kierkegaard, der damals in Kopenhagen umstrittene und in der Geschichte der Philosophie und der Theologie so wirkungsvolle dänische Philosoph und Christ (1813–1855) schrieb in einem seiner oft unter Pseudonym veröffentlichten Bücher „etwas über Interpunktion“, also über die ihm sehr wichtige Grammatik des Schreibens. Er denkt sich seine Leser laut lesend und verzichtet darum immer wieder auf Kommas, weil sie den Fluss des Lesens behindern. Und dann kommt der Satz über die Verwendung des Doppelpunktes, der mich seit vielen Jahren begleitet:

„Der Doppelpunkt muss viel mehr gebraucht werden als es geschieht.“ Wer den Philosophen auch nur ein wenig kennt, ahnt, dass auch dieser Satz eine tiefere Bedeutung hat. Kierkegaard ging es stets um „die Wirklichkeit“, die gelebt werden müsse und nicht nur gedacht. Und im „Christentum“ ging es ihm um die konkrete Nachfolge Christi. „Was das Christ werden in Wahrheit zu bedeuten hat: mit Christus gleichzeitig werden.“ Da ist er, der Doppelpunkt. Er konnte auch sehr volkstümlich werden: „Christus wollte keine Bewunderer, sondern Nachfolger. Der Bewunderer ist die billige Volksausgabe des Nachfolgers.“

Der Doppelpunkt zeigt an, dass jetzt das vorher Angesagte kommt: Jetzt wird es real und konkret: Nun beginnt die Wirklichkeit. Es geht aus der Theorie in die Praxis. Theologisch: Aus dem Zuspruch der Güte Gottes ergibt sich der Doppelpunkt: nun auch daraus zu leben und vor allem zu handeln. Wir kennen es auch aus dem ganz normalen Alltag. Wer A sagt, muss auch B sagen, heißt es im Volksmund. Wer Verzeihung erfährt, soll und kann auch selbst verzeihen. „Vergib uns unsere Schuld, wie auch wir vergeben unseren Schuldigern."

In der Predigt des Glaubens geht es genau so zu, nur tiefer und wahrhaft existenziell. Du bist ein von Gott geliebter Mensch: Nun reagiere auf diese Liebe. Oder auch in der umgekehrten Reihenfolge: „Lasset uns lieben, denn er hat uns zuerst geliebt." Was von Gott her längst klar ist, soll auch in meinem Leben Wirklichkeit werden. Das „Denn" ist in unserer Sprache häufig der Doppelpunkt.

Nur nicht erschrecken, was jetzt kommt, ist gut und macht Freude. Der Doppelpunkt kann eine ganz konkrete BEKEHRUNG ansagen. Jesus predigte: „Die Zeit ist erfüllt, und das Reich Gottes ist herbeigekommen: Kehrt um und glaubt an das Evangelium." Die Freiheitsbotschaft mit dem Namen Evangelium eröffnet uns eine umstürzende Erfahrung der Befreiung. So kommt Leben ins Leben hinein. Nein, kein frömmelnder Typ ist das Ergebnis, sondern ein weltoffener und voll mit Gott verbundener Mensch. Den Doppelpunkt hat Jesus gesetzt.

Man muss im Leben sehr darauf aufpassen, wann das Stichwort für einen kommt.

(Sören Kierkegaard)

Eintritt nur für Sünder

Die Kirche der kleinen Stadt war monatelang wegen umfangreicher Renovierungsarbeiten geschlossen. Die Gottesdienste fanden derweil im nahe gelegenen Gemeindehaus statt. Nun kam der Sonntag der Einweihung der renovierten Kirche. Ein Festgottesdienst war angesagt. Der Bischof würde die Predigt halten. Alle wichtigen Persönlichkeiten der Stadt, angefangen vom Bürgermeister und den Vertretern der Vereine und Parteien und der anderen Kirchen der Stadt, bis hin zu wichtigen Spendern waren brieflich eingeladen worden. Und natürlich alle Bürger der Stadt.

Doch dann kam die Überraschung. In der Nacht hatten junge Männer des Jugendkreises ein großes Spruchband über das Eingangsportal der Kirche gespannt: „Eintritt nur für Sünder". Konspirativ hatten sie an den Abenden vorher den Satz auf die Leinwand gepinselt. Die Pfarrer und Mitarbeiter der Gemeinde schüttelten zunächst mit den Köpfen, doch man beschloss, das Spruchband nicht zu entfernen. Denn es war ohnehin zu spät und es stand ja eine starke Wahrheit drauf. Nun also mussten alle Besucher unter diesem Satz hindurch die Kirche betreten. „Eintritt nur für Sünder." Eine merkwürdige Erfahrung für manche, andere lächelten vergnügt, sie kannten ihre Bibel.

Dann kam der Bischof vorgefahren, schaute eine Minute konzentriert und irgendwie lächelnd auf das große Spruchband und ging in die Kirche. Als er die Kanzel bestieg, las er ein passendes Wort der Bibel und begann seine Predigt mit einem Lob an die jungen Leute, die den

Satz über das Eingangsportal gehängt hatten. Der Bischof hielt eine starke Predigt über die Vergebung und über Gottes Versöhnungsaktion, uns Menschen durch Christus wieder mit sich selbst in Ordnung zu bringen.

Das Wort „Sünde" ist in unserer Kultur zum Fremdwort geworden. Es klingt peinlich und aufdringlich. Manchmal auch in der Kirche selbst. So erfinden wir neue Wendungen, was für das Verständnis notwendig sein kann, doch es sind oft Fluchtwege, die ausgebaut werden. Sünde ist in der Sprache der Bibel kein Schimpfwort, es ist auch kein moralisches Wort. Es ist das Ergebnis einer gründlichen Diagnose unserer Beziehung zu Gott. Es hat mit Trennung zu tun. Wir haben uns von Gott, vom Glauben und sogar von unserer tiefsten Bestimmung getrennt. Das muss nicht mit gemeinen und schmutzigen Sachen einhergehen, es steckt in jedem Menschen, so heißt die Diagnose des Wortes Gottes, die uns vom guten Geist Gottes ins Herz und Gewissen gesprochen wird.

Es ist absolut erfreulich, wenn Jesus sagt: „Ich bin gekommen, die Sünder zur Umkehr zu rufen und nicht die (Selbst-)Gerechten." Diese Botschaft hörten die Menschen im oben erwähnten Festgottesdienst.

Es ist stets ein Fest,
wenn ein Mensch umkehrt
und zu Gott
nach Hause kommt.

Eine therapeutische Frage

Jesus am Teich Betesda in Jerusalem. Dort waren fünf Säulenhallen um einen Doppelteich herumgebaut. In diesen Hallen lagen viele Kranke mit den verschiedensten Krankheiten. Das Elendsasyl von Jerusalem. Viele der Kranken wurden von den Familien dorthin abgeschoben. Angehörige und barmherzige Leute versorgten sie hier und da ein wenig. Diakonie, Charitee, Rotes Kreuz gab es dort nicht. Im Teich Betesda vermutete man eine Heilquelle. Ob das nun stimmte oder auch nicht, es war die große Hoffnung im Elendsquartier. Die Quelle sprudelte nur ein paar Mal im Jahr heftig auf. Wer sich noch bewegen konnte, stürzte in Richtung Quelle. Immer ein Kampf um die ersten Plätze. Nur die Stärksten hatten eine Chance. Und schon versiegte die Quelle wieder. Jahr um Jahr war es so.

Jesus ging offenbar ganz still an diesen Teich und sah die Menschen mit seinen wissenden Augen an. Da sah er den schwersten Fall von Betesda. Ein Mann, der dort bereits 38 Jahre gelähmt auf der Matte lag. Ein medizinisch hoffnungsloser Fall. Auch sozial aussortiert. Kein Mensch half ihm und nie hatte er die geringste Chance an die Quelle zu kommen. Ein vor sich hin sterbender Mensch, der nur noch seinen Tod vor sich sah. Chancenlos, total allein, vom Schicksal ausgeblendet, einfach down, out und alle.

Und nun der völlig überraschende Augenblick. Die große Wende seines Lebens. Jesus fragt ihn: „Willst du gesund werden?“ Es muss wie ein Schock für ihn gewesen sein. Wer stellt mir denn solche Frage? „Ich habe keinen Menschen, der mir in die Quelle hilft“, klagt er. Aber Jesus spricht sein heilendes Machtwort: „Stehe auf. Nimm deine Matte. Und geh!" Und der Mann steht auf, nimmt seine Lumpen unter den Arm und geht hinaus ins Leben, in die Freiheit, zu einem neuen Leben mitten im Leben.

Die Geschichte von vor 2000 Jahren ist höchst aktuell. Sie findet heute unter uns und in uns statt. Auch bei uns liegen viele irgendwo auf einer Matte herum und kommen nicht weiter. Auf der Matte der Resignation, der Aussichtslosigkeit, der geplatzten Lebensträume. Sie liegen sich wund und platt. Nichts geht mehr. Gescheiterte Ehen, kaputte Beziehungen, ein verlorener Glaube. Nichts davon ist erfunden, es gibt noch tausendmal mehr Schicksale. Von Millionen Matten kommen die Klagen: „Ich habe keinen Menschen, der mir hilft." Dabei machen wir immer noch cheese und keep smiling für die Augen rundherum. Nur nichts von sich preisgeben. Nur nicht sein Gesicht verlieren. Immer angepasst sein, nicht anecken, irgendwie immer noch die Kurve kriegen. Ob in der Firma, der Schule, in der Disko oder in der Kirche. Ja, auch in den Kirchen liegen sie auf Matten herum wie der Mann am Teich Betesda.

Willst du gesund werden? heißt für uns: Willst du zurechtkommen, oder tust du nur so? Kann ich dir endlich helfen? Kann ich dich von Belastungen befreien? Willst du wieder zurück zu Gott? Soll ich dir einen neuen Anfang schaffen? So fragt Jesus durch seinen Geist in unsere Herzen hinein. Jesus, „der Mensch für alle Menschen", so nannte ihn Dietrich Bonhoeffer, steht vor uns und sagt: Steh auf, komm hoch von deiner Matte, fang noch mal ganz neu an. Durch den Menschen für alle Menschen finden wir auch Menschen, die uns zurechthelfen, die mit uns und für uns beten. Dazu gehören auch Seelsorger, Priester und Pastoren, Psychologen, Ärzte und Sozialarbeiter/innen. Oder einfach Freunde und Freundinnen, die in unserer Nähe sind.

Aber er petzt nicht …

In einer Fernsehsendung erzählte eine muntere Zwölfjährige diese kleine Geschichte: „Bei unserem Pfarrer steht ein wunderbarer Birnenbaum im Garten, der so toll schmeckende Früchte hat. Wenn sie reif werden, sind die Jungen und auch wir Mädchen rauf in den Baum gestiegen und haben uns Birnen gepflückt. Da hat der Pfarrer ein Schild an den Baum gehängt: ‚Klaut mir meine Birnen nicht, Gott sieht alles.' Doch dann haben wir auch ein Schild gemalt und an den Baum gehängt. ‚Er hat uns gesehen, aber er petzt nicht.'" Das kam so heiter und locker rüber, dass ich laut lachen musste.

Gewiss keine besonders fromme Geschichte, doch sie entlastet ungemein. Es gibt diese schreckliche Karikatur des Glaubens, in der Gott immer der Detektiv ist. „Der liebe Gott sieht alles." Ein Satz, der aus der Erziehung der Kinder verbannt werden muss. Er setzt seelische Markierungen, die beim Heranwachsen das Empfinden von Gott in eine völlig falsche Richtung lenken. Und dann diese entsetzliche „Gottesangst", die vielen Menschen schon in der Kindheit auf den Geist gegangen ist, in die Psyche nämlich. So entstehen religiös verletzte Sinne. Man hat seine negative Prägung weg, der Glaube an Gott ist etwas sehr Ernstes und irgendwie Lustloses. Nichts darf so richtig Spaß machen und in der Kirche muss man immer ganz ernst sein. „Bei den ‚ernsten Kirchenleuten' riecht es wie drei Tage alter Kartoffelsalat", sagte mir ein Freund. In dieser Stimmung heranwachsen und älter werden ist geistig und seelisch höchst gefährlich. Dieser Ablauf kann wie ein schwerer Riegel im Herzen sein, der dem befreienden Glauben die Tür versperrt.

Natürlich ist mir bekannt, dass in unzähligen säkularisierten Familien die beschriebene Gefahr kaum bestehen dürfte, weil die sogenannte „religiöse Sozialisation" überhaupt nicht stattfindet. Doch hier ist Vorsicht angesagt. Selbst im atheistischen Umfeld aufgewachsene Menschen tragen eine Art Ursehnsucht von Gott in sich und sind ohne besondere Absicht in einen inneren Konflikt mit dem verwickelt, was sie als Gott ignorieren möchten. Ich habe sehr viele Gespräche mit Frauen und Männern geführt, die nie eine kirchliche Beziehung hatten, aber religiös doch in sich zerrissen waren.

Wie dem auch sei, es darf nicht sein, dass ein negatives Glaubensbild Menschen belastet und zu einem Kampf am falschen Ort führt. Gott sei Dank ist Gott nicht, was sich viele unter ihm vorstellen. „Aber er petzt nicht." Dieser Satz aus Kindermund ist echt und zeigt um die Ecke herum auf den lebendigen Gott, der „ein Liebhaber des Lebens" genannt wird. Wenn wir ihn durch die Gestalt und Botschaft Jesu in den Evangelien hindurch suchen und finden, vergehen diese Karikaturen von Gott, die schon so viel zerstört haben. Also Abschied vom himmlischen Spießergott und die Hinwendung zu dem Gott, der die Liebe heißt. Das bedeutet keine Verharmlosung schlimmer Sachen, doch die Befreiung vom Krampf einer Religiosität, die nichts mit dem Glauben an den Gott zu tun hat, den uns Jesus so wunderbar gebracht hat.

Es ist vollbracht

Es ist Ostern. Die Zeit, in der es zentral um Jesu Tod am Kreuz und seine Auferstehung geht. Ich verstehe, wenn ein Suchender geistig ratlos vor dem Kreuz Christi steht und nicht weiß, was dieses Kreuz bedeuten soll. Es liegt nicht an seiner mangelnden Klugheit, es hat mit dem Kreuz Jesu Christi selbst zu tun. Auch die Christen haben seit 2000 Jahren immer neu über „das Geheimnis des Kreuzes" nachdenken müssen und viel Zeit und Gebet darin gesetzt. Und ihr Nachdenken darf nicht aufhören.

Mir hilft ein kleines Gleichnis, das jeder kennt: „Willst du einen hohen Berg von unten sehen lernen, musst du dir die Mühe machen, um ihn herumzugehen. Bei diesem langen und mühsamen Weg siehst du immer neue Perspektiven des Berges. Nie siehst du das Ganze auf einmal und doch fügt sich das, was du entdeckst, in deinem Denken und Fühlen zusammen: Das ist der Berg."

So ist es im Bilde gesprochen den frühen Zeugen des Kreuzestodes Christi ergangen. Es waren ganz verschiedene Menschen in unterschiedlichen Situationen. Auf dem Hintergrund der prophetischen Botschaft, etwa aus Jesaja 53, gingen sie in Anbetung und in tiefem Nachdenken „zum Kreuz" und formulierten so ihr jeweiliges „Wort vom Kreuz". Paulus ist einer von ihnen und was für einer. Der unbekannte Schreiber des Hebräerbriefs hat wieder ganz andere Schwerpunkte. Jedes der vier Evangelien setzt eigene Akzente bei der Passion Jesu, und das zuletzt verfasste Johannesevangelium tut dies auf seine ihm eigene meditative Art.

Alle Zeugen hatten Menschen vor Augen, denen sie das befreiende Evangelium des Todes Jesu Christi am Kreuz nahe bringen wollten. In ihrer Zeit und ihrer Kultur. Sie selbst waren so voller Dankbarkeit, dass sie es nicht verschweigen konnten. Es ist töricht, wenn sich Christen darum streiten, welche Sicht nun richtiger ist und stets ihre eigene bevorzugen. Plötzlich behauptet ein moderner Kirchenmann, dass er die Vergebung nicht durch den stellvertretenden Tod des Heilandes empfängt, sondern nur durch die pure Liebe Gottes. Ja, wie denn auch sonst? Doch was heißt bei ihm Liebe Gottes? Kann er die Liebe Gottes am Kreuz vorbei bekommen? Das funktioniert seit dem Kreuz Christi nicht. Das „Wort vom Kreuz" ist so reich, dass hier keiner den anderen übertrumpfen muss. Aber Jesus Christus am Kreuz ist die Mitte von allem und alle Zeugen weisen auf ihn, aus welcher Perspektive auch immer. Paulus beschreibt es in juristischen Bildern, der Hebräerbrief wiederum in den Bildern der Opferpraxis Israels und deutet dabei alles auf das einmalige und unvergleichbare „Opfer Christi" am Kreuz. Der Evangelist Johannes entfaltet es in einer großen Meditation, die in der Botschaft der Liebe Gottes gipfelt.

Im Johannesevangelium sagt Jesus direkt vor seinem Sterben: „Es ist vollbracht." Das ist nicht der Seufzer nach langem schwerem Leiden, wie ein mitfühlender Theologe in einem angesehenen Andachtsbuch meinte – endlich ist es vorbei. Es ist keiner psychologischen Analyse zugänglich. Es handelt sich keinesfalls um ein Beispiel des Durchhaltens im Leid als Vorbild für alle Leidenden. So geriet das Kreuz in die Sprache der Kriege und an die Brust der Soldaten. Es geht nach meiner einfältigen und dankbaren Sicht um die große Erklärung Gottes, sozusagen um die „göttlich juristische" Kundgabe: Das Wirken Jesu ist vollbracht, das er mit eigener Zustimmung im Auftrag des Vaters übernahm. Was in Johannes 3,16 in höchster Klarheit gesagt wurde, ist nun für mich und dich und alle geschehen: „So sehr hat Gott die Welt geliebt, damit alle, die an ihn glauben, nicht verloren werden, sondern das ewige Leben haben."

Das Kreuz Christi ist das hoch aufgerichtete Zeichen der vollendeten Liebe Gottes. Es war ein wirklicher Tod, keines von den Passionsfestspielen in Oberammergau. Das „O Haupt voll Blut und Wunden" hat es mit meiner Sünde zu tun und mit der der ganzen Weltgeschichte. Weil wir so tief gesunken waren in unserer Schuld, musste er so tief einsteigen in die Dunkelheit der Welt. Nein, nicht weil Gottes Sohn im Prozess mit Gott mit seinem Blut in Zahlung gehen sollte. Was Anselm von Canterbury sich da zusammengereimt hat, entsetzt nicht nur mich. Hier jedoch geschieht alles aus Liebe, wie es der erste Johannesbrief bezeugt. „Darin besteht die Liebe (Gottes): nicht, dass wir Gott geliebt haben, sondern dass er uns geliebt hat und gesandt seinen Sohn zur Versöhnung für unsere Sünden" (1. Johannes 4,10).

So wie Jesus für seine Mörder und die johlende Menge betete: „Vater, vergib ihnen, denn sie wissen nicht, was sie tun", – so spricht mir Jesus Christus in der Macht seines Kreuzes die Vergebung der Sünden zu und führt mich zurück in die Arme Gottes. Nicht nur mich, alle sind gemeint. Und allen soll es gesagt werden. So beginnt für uns Menschen das Leben neu.

Himmelfahrt

In meiner Kindheit hatte ich ein Problem mit den Predigten zur „Himmelfahrt Christi". Wo ist er denn geblieben?, so dachte der kleine Kerl. Einfach weg, nach oben verschwunden, abgehauen für immer? Nach oben in den fernen Himmel gefahren? Jenseits der Wolken und Sterne? Und wo ist denn das, der Himmel? Und wir hocken hier auf der Erde allein und ohne ihn herum? Die Fragen eines Kindes? Auch das, aber es sind die Fragen aller, die über die Himmelfahrt nachdenken. Schon die frühe Christenheit hatte diese Fragen zu bewältigen.

Seltsam, der Englisch-Unterricht brachte mich auf eine ganz neue Spur des Denkens. Ich hatte damals noch keinen im Herzen lebendigen Glauben an Jesus Christus, der kam später, doch durch die englische Sprache wurde bei mir eine „Denksperre" aufgehoben. Ich konnte die Himmelfahrt jedenfalls ahnend denken und das war ein wichtiger Schritt in Richtung Glaube.

In unserer deutschen Sprache haben wir leider nur das eine Wort „Himmel". Die englische Sprache hat zwei Worte dafür. „sky" ist der „Himmel über uns" – der blaue Himmel, der Sternenhimmel, der Wolkenhimmel, der Himmel, aus dem der Regen fällt und von dem die Sonne scheint, der Himmel, an dem die Flugzeuge fliegen.

„Heaven" ist in der englischen Sprache der „Gotteshimmel", die „unsichtbare Welt Gottes". Aber was sage ich da? Alle unsere Bilder und Worte reichen nicht hin, um Gottes Himmel mit Worten zu beschreiben. Unsere Begriffe platzen wie bunte Luftballons, in die man eine Nadel sticht. „Groß ist das Geheimnis“ heißt es in der Bibel und in der alten Liturgie der Kirche. Es ist keine Flucht, wenn wir vom „Geheimnis“ reden. Es ist die Anbetung Gottes und die Anerkennung der Grenzen unseres Verstandes, die es uns erlaubt, ja gebietet. „Gott sei Dank gibt es nicht, was 60 bis 80 Prozent der Zeitgenossen sich unter Gott vorstellen“ (Karl Rahner).

In meinem kleinen Kopf ist mir inzwischen klar geworden: Gott wohnt nicht in einem „Himmel“ irgendwo, sozusagen hinter allen Sternennebeln in einem himmlischen Raum, – sondern: Wo Gott ist, dort ist der Himmel. Hier kommen wir kleinen Menschen mit unserem physikalischen Alltagsdenken nicht weiter, doch auch der berühmteste Physiker nicht. Es wird kaum einer annehmen wollen, dass er mit seinem auch noch so gescheiten Kopf alles fassen kann, was es in Gottes Schöpfung und in Gottes Himmel gibt. Laut eines bekannten Nachrichtenmagazins gibt es zurzeit erstaunlich viele moderne Physiker – ihre Zahl sei wachsend –, die gerade wegen ihrer Wissenschaft wieder nach Gott fragen. Auch wenn sie vielleicht nicht sofort von Gott selbst reden, sondern über ein unfassbares Geheimnis staunen, das alles zusammenhält. Die „Gottesfrage“ lässt sich wohl nicht abschaffen. Manche Wissenschaftler sind darüber zu Christen geworden.

Bei einer Predigt zum Fest Christi Himmelfahrt in einer süddeutschen Gemeinde bin ich einmal seltsam „bewaffnet“ auf die Kanzel gestiegen. In der einen Hand hielt ich eine richtig dicke Bibel und in der anderen einen Schirm, den ich mit Knopfdruck öffnen konnte. Ich sagte den Menschen in der Kirche: „Diese beiden Gegenstände haben es mit dem Wort Himmel zu tun. Ich drückte auf den Knopf des Schirms, der sich erfreulich knallend öffnete. Einige ältere Damen erschraken sehr, so etwas auf der Kanzel war ihnen neu. Und ich sprach über den „sky“. Dann nahm ich die Bibel und las die kurze Himmelfahrtsgeschichte aus dem Lukasevangelium vor und predigte vom „heaven“ und der Himmelfahrt Christi.

Ich erzählte den Zuhörern, dass der Auferstandene nach Ostern laut der Evangelienberichte seinen Jüngern mehrfach „erschienen“ ist. Zum Beispiel bei einer Wanderung von zwei seiner Freunde nach Emmaus. Plötzlich war er zwischen ihnen und „legte ihnen das Wort Gottes aus“. Danach aß und trank er mit ihnen und sie erkannten ihn – „und er verschwand vor ihnen“. Zum Abschluss dieser besonderen Zeit führte er seine Jünger auf den Ölberg. Dort erhob er seine Hände, segnete die Jünger und während er das tat, „schied er von ihnen“ und „wurde in den Himmel hinaufgetragen“. Er war tatsächlich aus der Welt des Sichtbaren verschwunden und zum „Vater im Himmel“ gegangen.

Die so wunderbar gesegneten Männer „kehrten mit großer Freude nach Jerusalem zurück“. Nun begann bald die „Weltmission“, die bis zu diesem Augenblick weitergeht. Alle Menschen aller Völker sollen es erfahren, auch jeder von uns, das es nun Wirklichkeit ist. Was Jesus am Kreuz für uns und die ganze Welt erlitten hat und was zu Ostern durch die Auferweckung Christi bestätigt ist, das gilt nun weltübergreifend für die ganze Erde und alle Menschen, die auf ihr lebten, leben und noch leben werden. Und am Horizont erscheint schon das Morgenlicht der neuen Erde und des neuen Himmels. „Und der auf dem Thron saß, sprach: Siehe ich mache alles neu.“

So steht es in der Offenbarung des Johannes, dem geheimnisvollen letzten Buch der Bibel. Jesus, der Christus verteilt sozusagen die Liebe Gottes, die Vergebung der

Sünden, den Trost seines Heils und seine Aufträge an alle Menschen, die sich mit ihren Herzen und Köpfen dem Wort Jesu Christi öffnen und für ihn leben.

Himmelfahrt ist nicht der „Vatertag“ biertrinkender Männer, die mit dem Bierfass auf dem Bollerwagen brüllend durch die Landschaft ziehen. Es ist der Freudentag für alle, die Jesus als ihren Heiland und Herrn entdeckt haben. Nichts gegen ein Glas Bier – wenn man nicht alkoholkrank ist – doch wir sind viel reicher, als wir ahnen. Auch die Biertrinker am Himmelfahrtstag dürfen das begreifen. Wenn sie wieder nüchtern sind.

Gott wohnt nicht in einem „Himmel“ irgendwo, sozusagen hinter allen Sternennebeln in einem himmlischen Raum, – sondern: Wo Gott ist, dort ist der Himmel.

Pfingsten heißt: Es geht weiter!

Es herrscht Flaute in der Kieler Förde. Obwohl die „Kieler Woche“, dieser weltbekannte Segelwettbewerb, schon eröffnet wurde. Die Schiffe dümpeln im Bootshafen vor sich hin. Die Segler unterhalten sich auf den Bootsstegen mit Freunden aus der ganzen Welt. Hier und da wird eine Runde Skat gespielt. Man hört aufmerksam auf die Wetterberichte und schaut nach den Wolken. Und wartet und wartet. Nichts rührt sich, alles bleibt unbewegt. Auch die Stander oben an den Mastspitzen hängen schlaff herunter. So vergeht der erste Tag.

Dann aber kommt über Nacht Wind auf, ein starker Wind, die Boote ächzen und stöhnen, als wollten sie selbst hinaus in die „Kieler Förde“. Und bald geht’s los, eine Regatta nach der anderen wird gestartet. Die Segel blähen sich im Wind, die Gischt spritzt über die Boote, die Segler nutzen mit ihrer Erfahrung die Energien des Windes, nicht nur um anzukommen, sondern möglichst als Sieger über die Ziellinie zu fahren.

Geist heißt Wind

Das Segeln scheint mir ein gutes Bild für die Erfahrung des heiligen Geistes zu sein. „Pneuma“ heißt in der griechischen Ursprache des Neuen Testamentes „Geist“ und bedeutet Atem, Hauch und Wind. So wie der Wind in die Segel fährt und die Boote treibt, so will der Geist Gottes in unser müdes Leben fahren. „Welche der Geist Gottes treibt, die sind Gottes Kinder" – schreibt der Apostel Paulus an die Gemeinde in Rom.

Er schrieb diesen Brief etwa im Frühjahr des Jahres 56 n. Chr. im Hause des Gaius in Korinth. Er kannte die Christen und die Gemeinde in Rom noch nicht persönlich, doch er hatte viel über sie erfahren. Was er ihnen über den Geist Gottes schrieb, gilt für jeden und für alle Zeiten.

Auch wer sich schon länger als Christ bekennt, weiß von Flauten im Glauben.
Vielleicht dümpelt das ganze Leben vor sich hin. Die Luft ist raus. Wie bei einem Autoreifen ohne Luftdruck. „Pneus" nannte man früher die Autoreifen. Wieder ist das griechische Wort „pneuma" im Hintergrund. Nun mag ich den Geist Jesu Christi nicht gerne mit Autoreifen in Verbindung bringen, doch wir kennen die Redewendung, dass etwas nicht mehr „rund läuft". Das kann der Mangel am Geist Gottes sein.

Die Erinnerung an das erste Pfingstfest damals in Jerusalem kann die Sehnsucht nach dem Geist Gottes in uns wieder wach machen. Wer diese Sehnsucht kennt, ist schon ganz nahe bei der Wahrheit und der Erfahrung des heiligen Geistes. Wenn jemand um den Geist bittet, erhört ihn Gott besonders gerne und schnell. So hat einer der Glaubensväter gesagt. „Wie viel mehr wird er den heiligen Geist geben denen, die ihn bitten." So hat es Jesus gesagt.

Geist heißt Kraft

Er bringt unser Leben in Fahrt. Nein, er hetzt uns nicht, er macht uns nicht zu verrückten Schwärmern, die dauernd etwas Besonderes brauchen. Aber er treibt uns nach vorne. Ich bekomme wieder Freude am Evangelium. Ich gehe gerne mit anderen Christen um. Ich „oute" mich als Christ, mein Leben wird interessanter, weil ich mich bewusst an Jesus orientiere. Der Satz „Was würde Jesus dazu sagen?" war mir immer etwas zu moralinsauer, doch „Was würde Jesus jetzt tun?" – diese Frage macht uns zu nachdenkenden Menschen.

Der heilige Geist ist nicht mit dem menschlichen Geist zu verwechseln, doch er ist ein Freund des Menschengeistes, darum möchte er ihn so gerne von seinen Krankheiten heilen. Von der Arroganz des Oberschlauen. Von der Meinung, für alles die nötige eigene Kraft zu haben. Von der Selbstgerechtigkeit eines Menschen, der widerlich von sich überzeugt ist und keine Hilfe von Gott braucht. Und er will uns dankbar machen dafür, dass Gott selbst mit seinem guten heiligen Geist in unser Leben einkehrt und uns zu seinem Tempel macht. So steht es in der Bibel.

Wer den Geist Christi in sein Herz, also in die Befehlszentrale und in seinen Verstand, also in das Organisationszentrum einlässt, der kann überraschende Erfahrungen mit sich und dem Leben machen.

Geist heißt Gewissheit

Man kann den Kopf voller kluger und sogar frommer Gedanken haben und ein Gefühlsbolzen in Sachen Religion sein. Und doch ist man des Glaubens nicht froh. Ich kann sogar ein Theologe und Pfarrer und sonst was Kirchliches sein und doch bleibt in mir eine tiefe Gottesentfremdung. Ich sage im Herzen „Sie" zu Gott, nicht „Du". Die Beziehung zu Gott ist gestört, oder es gab sie noch nie in der Tiefe meines Lebens. Ich habe Menschen getroffen, die darunter sehr gelitten haben. Ihr Glaube sei nur Theorie, eine Akte im Schrank, ein Haufen Papier.

Das innerste Geheimnis der Gottesbeziehung ist die Kindschaft. „Und wenn ihr nicht werdet wie die Kinder, könnt ihr Gott nicht verstehen." So hat Jesus einmal gesagt. Es ist tatsächlich so, dass Pfingsten ein Geburtsfest ist. Das Geburtsfest der Kirche, sagen wir lieber, der Gemeinde Jesu Christi. Doch auch das Geburtsfest der Kinder Gottes. Die Kirche und Gemeinde der Christen wird geboren, doch auch ein einzelner Mensch. Wenn jemand zu Gott kommt und um den Geist Gottes bittet, wird ihm die „neue Geburt" geschenkt.

Der heilige Geist kehrt bei einem Menschen ein und spricht ihm tief im Herzen die Gewissheit zu, dass er Gottes Kind ist. Mancher mag diese Bezeichnung für sentimental halten. Dann hat er null Ahnung von der Schönheit des christlichen Glaubens. „Kind Gottes" ist ein Ehrenname, der mir Gänsehaut verursacht, immer noch. Er gilt für Leute, denen der Abschluss der Hauptschule noch so eben gelang und genau so für einen Physikprofessor, der Sachen weiß, die ich nicht einmal im Ansatz verstehe. Ich kenne so einen klugen Mann. Er ist unsagbar froh, dass er ein „Kind Gottes" ist. Ein preisgekrönter Forscher ist er außerdem. Doch er würde niemals diesen ihm von Gott geschenkten Namen „Kind Gottes" für seinen Professorentitel eintauschen.

Lasst uns die Boote losmachen, die Segel in den Wind stellen, hinausfahren auf das offene Meer und so das uns zugedachte Leben entdecken, dass mehr ist als Langeweile und Frust, sondern wirklich LEBEN.

Geld regiert die Welt

Es ging ein Beben durch die Welt, ein Banken- und Börsenbeben. Keine Nachrichten in Radio und Fernsehen, in Tageszeitungen und Magazinen, die nicht von Banken-Sterben und dramatischen Börsen-Schwankungen berichteten. Die Angst vor Geldverlusten sickerte hinunter zu den einfachen Menschen mit einem kleinen Girokonto und ein, zwei, drei Sparbüchern. In Deutschland habe man alles im Griff, sagten die Politiker und Banker, wir müssten uns nicht sorgen, wie schön. Da es unter den Lesern vermutlich kaum Millionäre oder gar Milliardäre gibt, könnten wir wohl lässig zur Tagesordnung übergehen. Wirklich?

Die Vergötterung des Geldes und die Gier nach mehr und immer mehr ist durchaus auch auf der unteren Ebene bekannt. Auch bei den „Normalos", wie ich einer bin. Nun sei jedem Geld gegönnt, auch viel Geld, wenn er Besitzer und Chef oder Erbe eines Vermögens ist. Nicht das Geld ist gefährlich, sondern unser Herz und unser Kopf gefährden uns dramatisch, wenn wir unsere Konten zu Altären machen und an ihnen unsere Anbetung verrichten. Das fängt nicht erst bei einer Million an, es kann auch bei Sparguthaben so sein.

Hören wir doch der Einfachheit und Klarheit wegen auf Jesus, der gewiss kein Konto hatte und mit seinen Jüngern von freundlichen Menschen, meist Frauen, mit dem täglichen Brot und der Wegzehrung versorgt wurde. Jesus hatte einen klaren Blick für die Herrschaftsprobleme in der antiken Gesellschaft und sprach: „Ihr könnt nicht Gott und dem Mammon dienen." Dieses steile Wort hat nichts mit Weltflucht, Realitätsverlust oder einer asketischen Religionsausübung zu tun, sondern mit Freiheit. Das mag seltsam klingen, ist aber so. Wer dem Gott Mammon und anderen Göttern dient, verliert seine persönliche innere Freiheit. Er gerät in eine Zwanghaftigkeit, die ihn zu einem sich selbst entfremdeten Menschen macht. Mammon ist nicht nur das Geld, sondern alles, was uns gottesfremd macht. Freiheit hat ein Mensch im Ernst nur dann, wenn er Gott als seinen Schöpfer und Zurechtbringer erkennt und bekennt.

Hier geht es um Entscheidungen, die den Menschen so tief verändern, dass er im Neuen Testament ein „neuer Mensch" genannt wird. Diese Menschen sind dankbar für alle „Lebensmittel", auch für gutes Geld, das ihnen zu Recht gehört. Die Versuchungen weichen, wenn wir Gott danken. „Nichts ist verwerflich, was mit Dank empfangen wird." Eine gute Perspektive für den Umgang mit den Dingen. So wird der Glaube zur Lebenshilfe. Und Menschen lernen die Kunst zu haben und herzugeben.

Ganz Ohr

Der Fischer Simon lieh Jesus sein Boot, als er ihn darum bat. Die Menge der Hörer drängte sich am Ufer des Galiläischen Meeres so sehr, dass Jesus wohl beinahe mit den Füßen im Wasser stand. Nun wurde also aus dem Boot des Simon eine schwimmende Kanzel.

Simon und seine Gesellen hatten die ganze Nacht die Netze ausgeworfen und nichts gefangen. Sie waren echt sauer. Da war der Open Air Gottesdienst mit der Predigt dieses geheimnisvollen Mannes jedenfalls eine kleine Entspannung. Meinten sie. Vermutlich kannten sie Jesus noch nicht näher, der im Land unterwegs war, von der Umkehr zu Gott und der Liebe predigte und Kranke gesund machte. Sie hielten das Boot auf Kiel und hörten ihm zu. Der Fischer Simon ganz besonders gut. Er war ganz Ohr.

Aber dann kam Sturm auf. Und was für ein Sturm. Nicht auf dem Galiläischen Meer, sondern im Kopf und Herzen des Simon und seiner Männer. Als Jesus wieder an Land war, sagte er zu Simon: „Fahre hinaus, wo es tief ist, und werft eure Netze aus." Was soll denn das, wird Simon gedacht haben, das ist doch nicht die Stunde Fische zu fangen. „Meister, wir haben die ganze Nacht gearbeitet und nichts gefangen." Das geht doch gegen alle Vernunft unseres Berufes. Am hellen Tag Fische fangen? Da lacht man uns doch aus. So fährt es Simon durch Herz und Hirn. Zwei Welten prallen in ihm zusammen. Die des „gesunden Menschenverstandes" und die des Vertrauens auf das Wort dieses Mannes Jesus. Doch da kommt es aus großer Tiefe heraus wie ein Schrei: „Aber auf dein Wort, Herr, will ich die Netze auswerfen." Sie machen den Fang ihres Lebens. Sie können die Menge der Fische kaum ins Boot hieven. Andere Fischer müssen noch helfen.

Als die Arbeit getan ist, stürzt Simon vor Jesus nieder und sagt: „Herr, geh weg von mir, ich bin ein sündiger Mensch." Ein tiefes Erschrecken hat ihn gepackt. Ich und Jesus, das passt nicht zusammen. Eine ganz neue Wirklichkeit war in sein Leben eingetreten, eine Umkehrung aller Dinge. Jesus war ihm begegnet. Und Jesus machte ihn zu seinem Jünger und Apostel: „Fürchte dich nicht! Von jetzt an wirst du Menschen fangen." Er wird Menschen für Gott gewinnen, viele Menschen, so wie die vielen Fische in den Netzen. Da darf man zwischen den Zeilen lesen.

Das „Aber auf dein Wort" war der Umbruch im Leben des Fischers Simon. Dies „Aber" aus Lukas 5, Vers 5 hat bis in die Gegenwart immer wieder Menschen gepackt und herumgeholt in den Glauben. „Alles spricht dagegen, dass ich ein bewusster Christ werde. Ich habe keine Voraussetzungen für ein Leben mit Gott. Mein Kopf steckt noch voller Zweifel. Solche Menschen, wie ich einer bin, sind doch völlig ungeeignet für den Glauben. Was werden meine Freunde sagen?"

Es gibt tausend Argumente in unseren Herzen und Köpfen gegen Gott und seine Pläne mit unserem Leben. Doch da kommt Jesus und schickt uns am hellen Tage hinaus auf das Meer. Im schwankenden Boot unseres Lebens hinaus aufs Meer. Und es kommt eine tiefe Stille in uns, die in der Sprache des Glaubens „heiliger Geist" heißt. Endlich wagen wir es und bekennen das „Aber" gegen alle Trends in uns und um uns herum – und wir beginnen ein Leben als Jünger und Jüngerinnen dieses Jesus. So werden wir Christen. „Der Glaube kommt durch die Botschaft, die Botschaft aber durch das Wort Christi" (Römer 10, 17).

Vom Playboy zum Kirchenvater

Er war ein hoch gebildeter junger Mann, wissenschaftlich weit orientiert, er konnte fabelhaft reden. Ein Professor der Disziplin Rhetorik, was in seiner Zeit auch die Philosophie umfasste. Er wird ein attraktiver junger Mann gewesen sein. Die jungen Frauen waren ihm zugetan und „er ließ nichts anbrennen", wie man heute zu sagen pflegt. Der Begriff Playboy wird zurzeit nicht mehr so oft gebraucht, doch er war einer. Und das alles zum Leidwesen seiner Mutter Monika, die ganz bewusst von einer Heidin zur Christin geworden war.

Doch im Rausch von Wissen und Genießen hatte sich dem so klugen jungen Mann die tiefste Frage des Lebens nicht erschlossen. Was der Sinn seines Lebens sei und wie man „die religiöse Frage" lösen könne. Mailand dampfte von Religionen und Philosophien und Ablegern derselben. Sein Kopf war voller Wissen und Gedanken, doch sein Herz war unruhig in ihm, so sagte er später selbst von sich.

Man schrieb das Jahr 386 nach Christus in Mailand, wo der inzwischen 32-jährige Professor lebte und an der Uni lehrte. Er kannte vom Fach her alle Bücher und Ansichten über die Religionen und auch über die jungen christlichen Gemeinden. Was wir heute Bibel nennen, war ihm gewiss auch bekannt. Seine Mutter Monika hatte ihm ohne Frage von Jesus erzählt, doch da mag er müde gelächelt haben. So stolz er auch gewesen sein mag, er war zugleich depressiv und wurde es immer mehr. In keinem der vielen

Bücher und uralten Schriften fand er eine Antwort, auch nicht in den Schriften der christlichen Gemeinden.

Wer gegen die Wahrheit und die wirkliche Liebe lebt, kann daran krank werden. Die Psyche protestiert, sie macht nicht mehr mit. Augustinus wirft sich im Garten des Mailänder Hauses eines Freundes unter einen schattigen Feigenbaum und weint über seine Not. Doch plötzlich holt ihn eine zarte Kinderstimme aus seiner Verzweiflung hervor. Das Kind singt im Nachbargarten ein ganz einfaches Liedchen mit dem Kehrreim „Tolle, lege, tolle, lege", das heißt zu Deutsch: „Nimm und lies, nimm und lies". Augenblicklich wusste Augustinus: In diesem harmlosen Kinderlied spricht Gott zu mir. So etwas hat es immer wieder im Leben von Menschen gegeben. Kleine Ereignisse, große Folgen, wenn Gott still eingreift. Augustinus schlägt die Bibel seines Freundes auf und landet sofort bei einem Wort aus dem Brief des Paulus an die römische Gemeinde: „Lasst uns ablegen die Werke der Finsternis und anlegen die Waffen des Lichts. Lasst uns ehrbar leben wie am Tage, nicht in Unzucht und Ausschweifungen ..." Kapitel 13, 13 – 14)

Bei Augustinus trifft das Wort buchstäblich ins Schwarze, es ist das lösende Wort. Gott hat sich ihm zugekehrt, er kehrt um zu Gott und es wird hell in ihm. Seit er diese Geschichte selbst bezeugt hat, spricht man von der „Bekehrung des Augustinus." In den „Confessiones" (Bekenntnissen) des „heiligen Augustinus" steht der weltbekannte Satz: „Mein Herz ist unruhig in mir, bis dass es ruhet Gott in dir." Augustinus zog sich zuerst lange in die Stille zurück, änderte seine Lebensweise radikal und wurde schließlich zum großen Theologen der Kirche, auch „Kirchenvater" genannt. Nachdem er 391 zum Priester geweiht worden war, wurde er 396 der Bischof von Hippo. In dieser Kurzfassung kann nur noch gemeldet werden, dass Augustinus bis heute eine der bedeutendsten Gestalten der Kirchengeschichte ist.

Und wir? Nicht jeder kann ein direktes Zeichen von Gott erwarten. Das Evangelium ist die Wahrheit und der heilige Geist leitet uns in diese Wahrheit.

„Tolle lege, tolle lege“, „nimm und lies, nimm und lies“ gilt jedoch auch heute. Erwartungsvolle Blicke in die Bibel können alles ändern. Oder eine zupackende Predigt, das Gespräch mit einem christlichen Freund, einem Pastor oder Priester, ein Buch, das uns packt. Sogar dieser kleine Bericht über die „Bekehrung des Augustinus“ könnte es sein. Wen der Kummer des Zweifels und der Sehnsucht nach Gott gepackt hat, darf sich bei Freunden melden, die bewusste Christen sind.

Mein Herz ist unruhig in mir, bis dass es ruhet Gott in dir.

Muss man eigentlich in die Kirche gehen?

Man muss keinesfalls in die Kirche fliegen, wie es jener junge Mann tat, dessen seltsamer Kirchbesuch vor einiger Zeit durch die Presse ging. Er war in der Nacht mit seinem Wagen unterwegs, kriegte die Kurve nicht mehr und raste über eine kleine Wiese, die eine Art Schanzentisch bildete. Der Wagen flog sieben Meter hoch und 35 Meter weit und krachte in das Dach einer Kirche, in dem der junge Mann samt PKW stecken blieb. Zufällig stand ein Polizeiwagen in der Nähe. So konnten die Beamten sofort tätig werden und die Rettung von Fahrer, Auto und Kirche einleiten. Der junge Mann wurde ins Krankenhaus gebracht und die Gemeinde betete im Gottesdienst für seine Genesung. Auch das stand in der Zeitung.

Doch nun unsere Frage noch einmal zu ebener Erde: Muss man wirklich in die Kirche gehen, wenn man ein Christ sein möchte bzw. werden möchte? Ich empfehle es mit aller gebotenen Freundlichkeit. Man muss es nicht tun, es ist weder eine staatlich geforderte Bürgerpflicht, noch eine moralische Leistung, durch die man sich bei Gott Respekt verschaffen kann. Letzteres wäre geradezu gefährlich, denn Gott mag es nicht, wenn man sich durch religiöse Leistungen in eine gute Beziehung zu ihm hineinschmuggeln möchte.

Und warum ist es nun gut in den Gottesdienst zu gehen? Im Gottesdienst wird gesungen, gebetet, es werden Abschnitte der Bibel verlesen und es wird über einen Text aus der Bibel gepredigt. Man feiert Eucharistie und

Abendmahl in der Stille vor Gott. Es ist gut, wenn ein Glaubender oder Suchender bewusst die Stille sucht und „die Wahrheit des Evangeliums“, wie Paulus sie nennt, in sich wirken lässt. „Wo zwei oder drei in meinem Namen versammelt sind, da bin ich mitten unter ihnen.“ Dieses starke Wort hat Jesus gesagt.

Suchende und Glaubende erfahren in den angekündigten Veranstaltungen der Woche die Kommunität und die Solidarität des Glaubens. Und sie werden zu engagierten Leuten, die sich einbringen in die Aufgaben der Gemeinden. So wird für Christen die Gemeinde zu einem Haus des Glaubens. Was hier ganz sachlich aufgezählt ist, wird man nicht aus der Distanz erfahren, sondern gewiss nur durch Teilnahme.

Mark Twain besuchte einen Gottesdienst und wurde nach seinem Eindruck gefragt. Es sei gut gewesen, meinte er, es sei auch ein Korb mit Geld durch die Reihen gereicht worden, aus dem sich jeder etwas rausnehmen durfte. Um diesen Scherz umzumünzen: Wenn jemand in den Gottesdienst geht, darf er etwas mitnehmen. Viele gute Zusagen Gottes zum Beispiel. Am Sonntag ist wieder Gottesdienst. Versuchen Sie es doch mal.

Meine Rache ist die Menschlichkeit

Vor einiger Zeit sah ich in den Kinos den Dokumentarfilm „Das Herz von Jenin“ . Ein erschütterndes Dokument, das wochenlang durch zahlreiche Interviews angekündigt war.

Der Palästinenser Ismael Khatib, 43, hat im November 2005 seinen zwölfjährigen Sohn Ahmad durch den Schuss eines israelischen Soldaten, der ihn am Kopf traf, verloren. Kinder spielten im Flüchtlingslager von Jenin mit Waffen aus Plastik, als sie die Patrouille sah. Da schoss ein Soldat und traf Ahmad. Eine der schrecklichen Tragödien, die in den schrecklichen Kriegen passieren. Der Junge kam noch in eine Klinik in Haifa, wo er starb. Statt Rache zu schwören, entschloss sich der Vater nach intensiver, doch rascher innerer Prüfung, die Organe seines Sohnes für schwer erkrankte israelische Kinder zu spenden. Die Eltern waren davon überzeugt, im Sinne ihres Sohnes zu handeln. Fünf Kinder wurden durch die Organspenden gerettet. Die Menschen in Israel und Palästina waren von dieser Nachricht tief bewegt. Es gab eine Art friedliche Atempause zwischen beiden Seiten.

Zwei Filmemacher, ein Deutscher und ein Israeli, haben den Vater bei den Besuchen einiger der durch die Organe seines Sohnes gesund gewordenen Kinder begleitet. Eines der Kinder lebt mit dem Herzen von Ahmad. Ein sehr wichtiger Film, der viele Menschen nachdenklich macht.

„Meine Rache ist die Menschlichkeit“, hat Ismael Khatib in einem Interview gesagt. Er sei der leidenschaftlichen

Überzeugung, dass Frieden nicht durch Waffen herbeigeführt werden könne. Was dieser Mann in seinem Bekenntnis sagte, geht über alle Grenzen der Völker und Traditionen hinaus. Ismael Khatib ist Muslim, kein Christ, auch Mahatma Gandhi war kein Christ, doch beide handelten wie Christen. Die Christen sind nicht die Eigentümer der von Jesus gelebten und verkündeten Liebe. Wenn sie diese Liebe doch intensiver üben würden, die Christen! Liebe ist konkret. Große Worte ersetzen niemals die Liebe.

Christen werden hier an das Sterben Christi „für uns“ und „für alle“ und an seine Worte denken. Eine der „Seligpreisungen“ am Anfang der Bergpredigt heißt: „Selig sind, die Frieden stiften, denn sie werden Gottes Kinder heißen.“ Was Jesus gesagt hat, stellt die Welt auf den Kopf. Es geht nicht nur um Friedensgefühle und Friedensparolen, sondern um die Verbreitung des Friedens im Kleinen und im Großen. Ismael Khatib griff die Feindschaft im Nahen Osten mit der Waffe der Menschlichkeit an: „Meine Rache ist die Menschlichkeit“. Sein Bekenntnis wird hoffentlich viele auch im Kino nachdenklich machen. Man sollte ihm einen Friedenspreis verleihen. Und den Namen des Jungen Ahmad in fester Erinnerung halten.

Jesus macht uns nicht nur betroffen und nachdenklich, er dreht unser Leben um, stellt die bisherige Logik unseres Daseins auf den Kopf. Buße und Bekehrung kann auch mit „Sinnesänderung“ übersetzt werden. Doch es geht nicht um eine Verbesserung unseres Denkens, sondern um einen Umsturz in uns, um eine Revolution unseres ganzen Lebens. Jetzt steht nicht mehr unser dickes „Ich“ vor den Daten unseres Lebens. Alles wird umgekehrt. „Dieser Tag ist der erste Tag vom Rest deines Lebens.“ Das heißt: Du kannst mitten in deinem Leben ein neues Leben beginnen.

Ich halte dich – Gott

Es fing schon sehr früh in unserem Leben an, dass wir gehalten wurden. Erst drehten wir uns auf der ausgebreiteten Decke oder dem Teppich munter wie ein Knäuel Leben. Als wir erste Schritte versuchten, stürzten wir oft und liefen vor Tisch- und Stuhlbeine. Doch begann ganz langsam der „aufrechte Gang", wie ihn der Philosoph Ernst Bloch nannte. Richtig schön wurde es, als wir am Zeigefinger der Mutter oder des Vaters beim Spaziergang dabei sein durften. Immer von oben gehalten, anders ging es noch nicht.

Als wir dann später den Weg ins volle Leben antraten, wollten wir ganz frei sein. Wir emanzipierten uns von den Autoritäten der Jugend, wurden nach Schule, Lehre, Studium Beamte, Handwerker, Mütter und Väter, vielleicht sogar Unternehmer. Zunächst lebten wir noch in einem Kinderglauben, in dem wir vom „lieben Gott" sprachen und sogar ein paar Gebete kannten. Doch die angestrebte Freiheit des Denkens und Existierens nahm immer mehr Formen an. „Der da oben" wurde uns immer fraglicher. Wir waren nicht naiv, sondern gebildet.

Doch es kamen Krisen. Die Ehe scheiterte, die Kinder protestierten gegen die Eltern, die Eltern verstanden ihre Kinder nicht mehr. Schließlich kam die Bankenkrise und dann die Weltwirtschaftskrise. Was soll noch werden? So rollen oder rasen wir über die Autobahn des Lebens, die Termine überholen uns. Und plötzlich liest man irgendwo: „Ich halte dich – Gott."

Eine religiöse Provokation? Nein, ein Zuspruch ist es, was da steht. Ich muss mich nicht fallen lassen, mich nicht aufgeben, ich darf mich halten lassen. Von Gott. „Wie gut, dass wir von oben gehalten werden“, sagte der Vater zum Sohn, der in einer Krise steckte. Ich war dieser Sohn. Oben ist nicht die absolute Himmelsrichtung Gottes. Gott passt in keine Dimension. Gott ist über uns und unter uns, neben uns und rundherum um uns. Er möchte voll in uns sein. Wenn wir ihn einlassen. Und dieser geheimnisvolle, von unseren Vorstellungen unfassbare Gott hat sich ganz klein gemacht, er ist in Jesus Mensch geworden, darum trägt er den Titel „Christus“. „Und niemand wird sie aus meiner Hand reißen“, hat Jesus in seinem Gleichnis vom „guten Hirten“ gesagt.

Es gibt ein ganz einfaches Gebet. Es ist ein kurzer Ruf zu Gott:

Hand, die nicht lässt,
halte mich fest.

Versprochen ist versprochen

„Mama, versprochen ist versprochen." So sagte die vierjährige Tochter zur Mutter. Vielleicht geht es um etwas Süßes, um eine kleine Puppe, oder um das Vorlesen abends vor dem Einschlafen. Kinder haben den Trick voll drauf, man muss die Erwachsenen an ihre Worte und Zusagen erinnern. Das macht Mütter und sogar Väter sozusagen „an", hier wird Vertrauen angemahnt. Und wer mag da schon versagen? Und der Kindermund hat ja Recht, auch wenn es eine ganz kleine „Erpressung" ist. Es gehört zum Gelingen aller Beziehungen, ob in Freundschaften, Ehen, Familien, oder auch in der kleinen und großen Politik: Versprochen ist versprochen.

Wie es dem Kind geht, so geht es auch erwachsenen Menschen. Wir suchen Verlässlichkeit und so die Möglichkeit des Vertrauens. Man kann auch sagen, wir sehnen uns nach Treue. Wem kann ich trauen? Wird er oder sie zu seinem, zu ihrem Wort stehen? Es tut gut, wenn man nicht auseinanderrennen musste. Weil irgendwer und irgendwas trieb.

„Auf den ist Verlass", sagte jemand von einem meiner Freunde. Und fügte noch hinzu: „Der ist sauber bis ins Herz." Vielleicht doch etwas übertrieben? Der Freund würde zusammenzucken, wenn ich es ihm erzählte. Er kennt sich als ein Mensch, der von der Vergebung lebt. Darum kann ich so gut mit ihm reden.

Aber es gibt sie, die Freunde und Freundinnen, auf die man sich verlassen kann. Sie sind stets pünktlich zur Stelle, wenn wir sie brauchen. Und sie tun uns gut. Weil sie sensibel und verständnisvoll sind, uns auch Freunde und Freundinnen bleiben, wenn wir einmal versagen. Ich kann sie auch spät abends noch anrufen. So helfen sie mir zu leben. Wir alle brauchen Frauen und Männer, auf die wir uns verlassen können. Man nennt sie auch „glaubwürdig", ein wunderbares Wort unserer deutschen Sprache. Es ist ihre Würde, dass wir ihnen glauben und vertrauen können.

Ich möchte eine Erfahrung mit ihnen teilen, die mich seit Jahrzehnten begleitet. Ich bitte sie um zwei Minuten Konzentration. Die theologische Wissenschaft ist dem Wort „Glaube" und „glauben" auf die Spur gegangen. Theologie ist immer auch Spurensuche. Ein sehr frühes Wort für das Verhältnis zu Gott ist das hebräische Wort „häämin" und dieses bedeutet so viel wie „verlässlich sein lassen", „sich verlassen auf das Verlässliche". „Das ist die Keimzelle der Geschichte des Glaubensbegriffs" (Gerhard Ebeling). Diese Entdeckung hat mir in meinem eigenen Glauben sehr geholfen. Ich darf mich auf Gott verlassen. Auch wenn ich sehr schwach bin. Nebenbei bemerkt, ich darf mich dabei auch selbst verlassen. Meine Dummheiten zum Beispiel, auch meine verkrampfte Religiosität und wenn sie noch so christlich ist. „Und sie verließen alles und folgten ihm nach" heißt es von den Fischern, die Jesus damals in seine Nachfolge rief. Der sie rief, gab ihnen die Kraft zu folgen.

Ich „müder Pilger" (Hape Kerkeling) darf mich also „verlassen auf das Verlässliche", also auf den Gott, der „verlässlich" ist. „Versprochen ist versprochen", sagte das Kind. So spricht Gott, die ganze Bibel ist voll davon: „Ich habe dich je und je geliebt, darum habe ich dich zu mir gezogen aus lauter Güte." Mit Seilen der Liebe. Unsere Sehnsucht nach Gott und dem Glauben hat Gott selbst in uns angestiftet. Er bittet sozusagen in uns und wenn wir heimkommen zu ihm, nimmt er uns wie eine liebende Mutter fest in die Arme. „Ich will euch trösten, wie einen seine Mutter tröstet." So sagt der Prophet den Verbannten, die in Babylon sitzen und den Mut verlieren. Gott ist keine Mutter, doch tröstet er, wie eine Mutter es tun kann.

Er hat jedem Menschen seine Liebe zugesagt; versprochen ist versprochen. Er hat mir die Vergebung aller Schuld zugesprochen; versprochen ist versprochen. Er hat uns seine Begleitung versprochen; versprochen ist versprochen. Er hat uns Lebensmut versprochen; versprochen ist versprochen. Er hat uns den Himmel versprochen; versprochen ist versprochen.

Und dieser Himmel beginnt schon hier. Wo Menschen sich entschließen, Gott zu vertrauen, ihm ihr Leben anzuvertrauen. So können wir ganz neu leben, bewusst leben und unsagbar dankbar sein, dass wir den Gott kennen, der sich durch Jesus bekannt gemacht hat. Ich liebe ihn, diesen Gott.

Die Sonne über den Gräbern

Wie nennen Sie diesen Tag? Ist es der Totensonntag oder der Ewigkeitssonntag? Ich stimme für den zweiten Namen. Doch es wird Leser geben, die meinen und meiner Freunde Glauben nicht teilen. Ich grüße Sie herzlich! Vielleicht möchten Sie die Frage nach dem Sterben und dem Tod lieber vertagen? Ich sage das nicht ironisch, sondern ganz sachlich. Warum sich sorgen und das Gemüt krank machen, obwohl der Tod doch noch so weit entfernt ist? Vorsicht, er kann um die nächste Ecke kommen. Und er ist kein Freund, sondern ein Feind des Lebens. Man kann es ja auch wie jener amerikanische Spaßmacher halten, der meinte: „Ich habe keine Angst vor dem Sterben, wenn ich nicht dabei sein muss!" Gut gelacht, doch das Lachen gefriert einem im Gesicht. Jeder wird ganz persönlich dabei sein, wenn er stirbt. Da ist mir das alte Gebet aus den Psalmen, dem Gebetbuch Israels und dann auch der Christenheit lieber, weil es so ehrlich ist. „Lehre uns bedenken, dass wir sterben müssen, auf dass wir klug werden" (Psalm 90,12). Ich übersetze hier gerne frei: „... auf dass wir vernünftig, realistisch, ehrlich, pragmatisch werden." Wer begreift, dass sein Leben auf dieser Erde endlich ist, begrenzt, nicht unendlich und grenzenlos, der kann sein Leben vernünftig leben. Am allerbesten in der Beziehung zu Gott, wobei das Gebet eine große Rolle spielt.

Das Wort aus Psalm 90 ist keine „Todesankündigung", sondern ein Ruf zum bewussten Leben. Wir sollen unser Leben nicht verplempern, sondern als Geschöpfe Gottes wirklich leben. Nicht zuletzt in Liebe und Verantwortung für andere leben.

Was geschieht denn bei unserem Sterben? Der Theologe Eberhard Jüngel hat es mit dem Begriff „Trennung" durchdekliniert. Der Tod trennt uns vom elementaren Leben mit allem, was darin so schön ist; essen und trinken, feiern und arbeiten, lieben und lachen, küssen und umarmen. Er trennt uns von allem, was uns still bewusst wird. Von unseren Kindern und Freunden, von dem geliebten Menschen, der an unserer Seite war. Doch auch von Gott?

Nein! Der Tod trennt uns von unserem irdischen Leben, doch nicht von Gott. Sie wollen es bewiesen haben? Ich glaube es Gott, dass Jesus, der Bevollmächtigte Gottes, alles mit in sein Sterben hineingerissen hat, was uns von dem heiligen Gott trennen konnte. Nur Gott selbst kann aus der großen Not retten. Wir werden von Gott in die Arme genommen, weil wir uns Jesus Christus anvertraut haben. Bitte, tun wir es doch! So kommen wir im „Drüben" an. Wie wird das alles sein? So fragen wir technisch versierten Neuzeitler. Doch das geht über unser Verstehen und Begreifen unmessbar weit hinaus. Auch Gott können wir nicht in unserem Verstand unterbringen. Die Hoffnungssprache der Bibel ist darum Bildersprache. Aber wäre denn der „technische Nachweis" die Bedingung für Vertrauen, Glauben und Getrost sein? Ich möchte mich bei meinem Sterben in die Arme Gottes, des Vaters, des Sohnes und des heiligen Geistes legen. Jeder darf es auch so im Glauben halten. „Mach's ja mit meinem Ende gut." Das Sterben ist der Ernstfall des Lebens. Doch das Leben ist mit unserem Sterben nicht zu Ende. „Wer an mich glaubt, der wird leben, auch wenn er stirbt." So sagt Jesus im Evangelium des Johannes. Glaube ist hier die volle Hingabe an Gott. Ja und Amen.

Wir standen am Grab eines wunderbaren Menschen. Eine fröhliche katholische Christin war von Gott aus unserer Mitte heimgerufen worden. Der Pfarrer hielt nach dem Gottesdienst noch eine kurze Grabrede. Dabei las er ein Hoffnungs-Gedicht des Schweizer Dichtertheologen Kurt Marti. Bei dieser Lesung brach plötzlich eine Wolke auf und die helle Sonne strahlte durch den vorher so trüben Wolkenhimmel auf das Grab und in unsere Gesichter. Ein Lächeln breitete sich unter uns aus.

✓

**Wir werden von Gott
in die Arme genommen,
weil wir uns Jesus Christus
anvertraut haben.**

Müll abladen umsonst

Auf dem städtischen „Entsorgungsplatz“ wurde eifrig Müll abgeladen. Auch ich war mit einem voll geladenen Auto hingefahren und schleppte unseren Müll über Eisenleitern hoch an den Rand der riesigen Stahlkisten. An jedem dieser Container steht geschrieben, was rein soll. Papier kommt zu Papier. Holz kommt zu Holz, Eisen auch in die entsprechende Riesenkiste. Die in Dosen und Flaschen steckenden bekannten und unbekannten Pasten, chemischen Wässerchen und giftigen Substanzen stellt man unten in eine besondere Kiste.

Nach Beendigung meiner Aktion „Müll abladen“ fragte ich einen Mann im orangen Overall, was ich wo zahlen müsse. „Nichts“, erklärte er lächelnd, „Müll abladen ist hier umsonst.“ Da staunt der Fachmann und der Laie wundert sich. Wo gibt es heute noch was umsonst? Doch ich fuhr mit einem leeren Auto vom Hof dieser Anlage. Endlich war der Müll weg.

Intellektuell anspruchsvolle Leser könnten ab jetzt die Nase rümpfen, wenn ich meine Gedanken mitteile, die ich auf der Rückfahrt im Auto hatte. Lesen sie doch einfach noch ein paar Takte weiter. Ich dachte an den Müll, den wir in unserem Leben ansammeln. Ich auch. Da gibt es Gehirnmüll, Seelenmüll, Giftmüll, also Lebensmüll aller Sorten, die wir so ansammeln. Alles was bei uns schief gelaufen und vor die Wand gefahren wurde. Sie ahnen es, ich rede von der Realität der Schuld und noch präziser, ich rede tatsächlich von Sünde. Beide Worte mögen bei vielen keinen guten Klang haben. Schuld geht ja noch, denn wir kennen Schulden, die wir haben, oder andere bei uns haben. Bei Autounfällen geht es juristisch um die Schuldfrage. Aber das Wort Sünde gehört nicht mehr zu unserem Sprachschatz. Und wer heute deutlich von Sünde redet, gerät in den Verdacht, ein Fundamentalist zu sein. Dabei handelt es sich hier um das Hauptwort der Bibel über die Trennung des Menschen von Gott und die sich daraus ergebenden Folgen im Alltag des Lebens. Wir haben nicht nur Sünden, sondern sind Sünder. Lauter Sperrmüll zwischen uns und Gott. Mancher Giftmüll in Ehen, Familien, Betrieben, Nachbarschaften, Parteien und sogar zwischen Völkern. Sünde ist eine Zündschnur sogar für Kriege.

Das ist nicht nur eine religiöse Angelegenheit, sondern durchaus auch eine soziale und gar politische Realität. Wer Zeitung liest, weiß es. Und wir sind darin verwickelt.

Immer noch meinen Kritiker, die Kirche rede von der Sünde des Menschen, um die Gläubigen seelisch zu unterwerfen. Ich sehe dafür heute kaum noch Belege. Doch wenn es diese Methode noch geben sollte, vielleicht ganz subtil, würden diese Kirchenleute nicht mit Gott, sondern mit dem Teufel zusammenarbeiten. Der macht Angst, Gott macht frei.

Auch bei Gott ist unsere Schuld und Sünde eine Katastrophe, die er nicht gütig hinweglächelt wie ein Opa die Streiche seiner Enkelkinder. Aber Gott geht anders an die Sache heran als fromme Moralisten. Er deckt auf, um uns zu befreien. Er mag keine Menschen, die sich quälen mit ihrer Vergangenheit. Er ist auf Lösung, auf Erlösung aus. Erlösung ist ein Wort aus der Sprache der alten Sklavenmärkte. Dort wurden Menschen verkauft. Männer mit Muskeln und schöne junge Sklavinnen waren bevorzugt. Da aber kam ein reicher Mann daher, zahlte den Handelspreis und nahm Frauen und Männer als Freie in sein Haus auf. „Fürchte dich nicht, denn ich habe dich losgekauft, ich habe dich bei deinem Namen gerufen, du bist mein" (Jesaja 43, 1).

So also geht Gott mit den Sündern um. Am schönsten ist es bei Jesus zu erkennen. Er wurde als „Freund der Sünder" von Frommen verspottet, doch er ließ sich nicht beirren. Er solidarisierte sich mit den Sündern, nicht mit der Sünde. Doch er infizierte sich mit unserer Sünde, nahm sie auf sich und trug sie weg ans Kreuz. Er starb für uns, damit wir frei werden. Die Liebe Gottes ist unbezahlbar, sie ist geschenkt. Und sie will angenommen werden. Ganz persönlich. Warum nicht jetzt? Wer es wagt, wird es erfahren. „Bitte, vergib mir, mein Gott." „Kaum ist das Wort auf der Zunge, da ist schon die Wunde im Herzen geheilt" (Angelus Silesius).

✓

Er mag keine Menschen, die sich quälen mit ihrer Vergangenheit. Gott ist auf Lösung, auf Erlösung aus.

Gelassenheit tut gut

Als Gustav W. Heinemann, der ehemalige Bundespräsident, der als bewusster Christ bekannt war, in einem TV-Interview gefragt wurde, was der christliche Glaube ihm für sein Leben als Politiker bringe, antwortete er auf seine trockene Art: „Gelassenheit und Gott sitzt im Regimente." Beim Deutschen Evangelischen Kirchentag in Essen (1950) sagte er in einer Rede: „Die Herren dieser Welt gehen, unser Herr kommt." Zwei Sätze, die aufhorchen ließen und weit durchs Land gingen. Der Glaube setzt offenbar Gelassenheit frei, er macht sie möglich.

Wir leben in einer aufgeregten Zeit. Ständig kommen neue Informationen ins Haus. Wenn früher am anderen Ende der Welt eine Katastrophe passierte, dauerte es Wochen, bis die Nachricht unsere Vorväter erreichte. Heute kommen die Meldungen in Minuten bei uns an. Oder sogar zeitgleich wie beim Terrorangriff auf das World Trade Center in New York am 11. 9. 2001. Ich trank gegen 15 Uhr meinen Kaffee, drückte auf den TV-Knopf und saß sozusagen mittendrin im Geschehen.

Doch gibt es auch reichlich seelische Aufregungen im Alltag unseres Lebens. Der Adrenalin-Spiegel steigt an. Werde ich das Abitur schaffen? Wird die schwere Operation gelingen? Und welch eine Erleichterung, wenn sich die Sorge auflöst. Es fällt wie ein Zentnersack von der Seele.

Gelassenheit ist ein altes deutsches Wort. Es kommt aus der Mystik des 14. Jahrhunderts und wurde in spirituellen Übungen gelehrt. Das Verlassen von irdischen Gütern und Begierden wurde gepriesen. Um den Menschen innerlich leer werden zu lassen für Gott, riet man zum Verlassen aller überflüssigen Dinge dieser Welt. Es gibt auch eine tiefe Gelassenheit angesichts des Sterbens: „O Welt, ich muss dich lassen, ich fahr dahin mein Straßen ins ewig Vaterland" (um 1555). Ein Sterbelied, das Gelassenheit atmet. Ich habe Menschen kennen gelernt, die so sterben konnten. Das sind die schweren Themen des Lebens. Wie gut, dass wir den weiten Raum der Freude und Hoffnung für unser Leben in der Wahrheit des Evangeliums entdecken können. Bei aller Verantwortung, die wir heute auch für unsere Umgebung tragen, darf es auch eine fröhliche Leichtigkeit des Seins geben.

Es geht hier um die Gelassenheit als eine ganz normale Erfahrung des Lebens. Im Ruhrpott kann ein Mann seinem Freund in einer schwierigen Situation raten: „Ach, Anton, lasset." Und vielleicht ist Anton froh, dass ihm einer diesen kleinen Rippenstoß gab und lässt es sein. Unser Leben ist voller hartkantiger Situationen. „Lasset" ist Gelassenheit im Alltag.

Die Gelassenheit, die aus Gottvertrauen kommt, lässt sich nicht ständig nervös machen. Sie kann sogar unter schwierigen Umständen den Humor behalten. Als Kardinal Graf von Galen während der unseligen Zeit des Nazi-Regimes im Silvestergottesdienst zu Münster von der Kanzel her kritisierte, dass die Partei bereits die Kinder aufhetze und ihre Ideologie in sie hineinpumpe, brüllte ein Nazi laut in die große Kirche: „Wie kann jemand, der keine Kinder hat, es überhaupt wagen, über Kindererziehung zu sprechen!" Der Kardinal reagierte prompt: „Ich verbitte mir abfällige Bemerkungen über den Führer." Hitler war bekanntlich Junggeselle.

Nicht alle werden das kluge Gebet kennen, das dem weisen Friedrich Christoph Oetinger (1702–1782) zugerechnet wird. Hier kann auch ein Nichtchrist Honig saugen für seine Lebensbewältigung. In den Verlegenheiten des Lebens gibt es ja durchaus Solidarität zwischen den Atheisten und Christen. Und wie schon oft gesagt, die Türen zu Gott stehen stets offen. Jeder darf jederzeit kommen und zu beten beginnen. Man lese und meditiere also:

Gott schenke mir
Gelassenheit,
Dinge anzunehmen,
die ich nicht ändern kann.
Schenke mir den Mut,
Dinge zu ändern,
die ich ändern kann,
und die Weisheit,
das eine vom anderen
zu unterscheiden.

Humor ist, wenn man trotzdem lacht

Von Karl Valentin (1882 – 1948), dem berühmten bayerischen Schriftsteller, Schauspieler und Komödianten stammt der Satz: „Der Optimist ist ein Mensch, der die Dinge nicht so tragisch nimmt, wie sie sind." Wenn man sich dazu noch die hagere Gestalt des Valentin und seinen stolpernden Stil des Vortrags auf der Kabarettbühne vorstellt, spürt man, wie gescheit Valentins Humor war.

Er hatte einen „dialektischen Humor", kann man in einem klugen Buch lesen. Seine Wirkung kam nicht aus peinlichen Witzen, sondern er war auch mutig. Die Nazis hatten 1933 bereits die Regierung gebildet, Hitler war der Reichspräsident und vor allem „der Führer". Schon begann die Tätigkeit des Geheimdienstes gegen die Kritiker des Systems. Karl Valentin kam mit einem Koffer auf die Bühne und erklärte, da sei die ganze Reichsregierung drin. „Aufmachen, aufmachen" rief das Publikum immer lauter. Bei seinem typischen Körperzucken und der sich ständig wandelnden Mimik, öffnete er endlich den Koffer und zog ohne weitere Worte einen großen Lumpen nach dem anderen aus dem Koffer und ließ ihn auf die Bühnenbretter fallen. Die ganze Reichsregierung also. Selbst diese konnte sich die Verhaftung des so beliebten Komödianten nicht leisten, es hätte eine Empörung ausgelöst. So schlängelte sich der Komiker durch die Nazizeit, gewiss auch mit Raffinesse. Doch war er nun verstärkt den Intrigen der Behörden ausgesetzt.

Humor ist, wenn man trotzdem lacht. Der Humor kann eine unblutige, doch wirkungsvolle Waffe des Widerstandes sein. In jeder Diktatur gibt es den politischen Witz als Ventil des Zorns. „Heil ..., heil ..., heil ...", sagte Valentin einmal beim Betreten der Bühne, „ja, wie heißt er denn nur? Ich kann mir einfach den Namen nicht merken." Und das in einer Zeit, in der der Gruß „Heil Hitler" mit erhobenem oder leicht angehobenem rechten Arm geradezu befohlen war. Tapfere Leute antworteten schon mal mit einem „Guten Tag", doch das war bereits gefährlich.

Als endlich der Krieg zu Ende war und in München die Karnevalswagen wieder rollten, bat man Karl Valentin, er solle doch auch einen Wagen vorbereiten. Das tat er und kam nach allen stattlich geschmückten großen und von Pferden gezogenen Wagen mit einem von ihm gezogenen kleinen Holzwagen hinterhergefahren. Auf diesem lag lauter Gerümpel und im Gerümpel stand eine Stange mit dem Schild: „Bin nicht fertig geworden." Das Volk feierte ihn.

Ich finde, dass der Glaube an Gott voller Humor sein kann. Er dürfte sogar der Motor eines ganz eigenen Humors sein. Ganz ähnlich dem des Karl Valentin. Wer seine Endlichkeit begriffen hat und seine Schwächen und Fehler kennt, sich aber dennoch von Gott geliebt weiß, der hat viel zu lachen. Vor allem über sich selbst und auch mal über die Christenheit mit ihren Macken und Wunderlichkeiten. Humor ist, wenn man trotzdem lacht. Das funktioniert nun wirklich. Der trotzige Humor des Glaubens kommt in einem großen Choral der Kirche vor: „Trotz dem alten Drachen, Trotz dem Todesrachen, Trotz der Furcht dazu. Ich steh hier und singe in gar sichrer Ruh."

A Little Bit Of ...

Ich bin wohl zwölf Jahre jung gewesen, als ich erstmals geimpft wurde. Der Arzt kam mit einer Schwester in die Schule und nahm sozusagen eine Massenimpfung vor. Natürlich wurde jeder und jede einzeln gepiekt. Wir hatten mächtig Respekt vor der Spritze. Also Ärmel hoch oder Pullover runter, ein Stich und es war vorbei. Seither bin ich gegen Pocken geimpft. Später kamen vor Reisen nach Afrika und Asien noch eine Reihe weiterer Impfungen dazu.

Die Pockenimpfung tut ein winziges bisschen Pockengift ins Blut und schon ist man immun gegen die Pockenkrankheit. In Europa ist diese ursprünglich schreckliche Seuche, die früher viele Menschen dahinraffte, wohl fast ganz ausgerottet.

Ich behaupte frech und frei, dass es eine Impfung gegen den Glauben gibt. In diesem Falle ist es keine Maßnahme gegen eine Seuche, sondern umgekehrt gegen eine unverzichtbar wichtige Gesundheit. Eine Impfung gegen Gesundheit? Wie denn das?

Ein kleines bisschen von der Substanz „christlich“ ins Herz und den Verstand injiziert und der Klient ist gegen den Glauben geimpft. Ein ganz kleines bisschen Gott und Jesus und Bibel und Kirche in den Kreislauf des Inneren injiziert und wir sind immun gegen einen Glauben, der sich zu Leben lohnt. Nun läuft die „Wahrheit des Evangeliums“, wie der Theologe Paulus sie nennt, von uns ab wie der Regen vom Ölcape. „Wasch mich, aber mach mich nicht nass.“ So heißt diese Methode der Immunisierung gegen die Begegnung mit Gott. Manches lässt sich auch einmal handfest und etwas grob erklären: „Was nicht blau ist, das ist bläulich, was nicht grau ist, das ist gräulich und was nicht Christ ist, das ist christlich!“

„A little bit of“, ein kleines bisschen von dem und jenem, ein paar fromme Gewürze und noch ein Spritzer Salatöl dazu, mit Rotwein abgelöscht, das ist das passende Gericht für den gebildeten Europäer. Es kann auch ein wenig Bergpredigt wie die Petersilie dabei sein. Das schmeckt fein. Und wer verachtet denn heute noch den Mann am Kreuz? Man hängt sich das Marterholz der Römer als Schmuckstück an den zarten Hals. So regeln wir alle religiösen Fragen.

Muss es denn so weiter gehen? Nein und noch einmal nein, es muss so nicht weitergehen. „Religion ohne Entscheidung“ (Hans-Otto Wölber), so heißt der Titel auf einem Buch neben mir im Regal, lohnt sich nicht. Der Glaube an Gott, an Jesus Christus und den heiligen Geist, so haben die frühen Väter der Kirche die Summe des Glaubens genannt, dieser heilige christliche Glaube macht froh, wenn wir unsere ganze Existenz Gott und Christus überlassen. Doch dann merken wir auch, welche Freude und Kraft im Glauben an den lebendigen Gott steckt. Und wie? Der Weg zu Gott ist nur ein Gebet weit entfernt.

Die 10 Gebote

Die 10 großen Freiheiten

Keine Moral, sondern Hilfe zum Leben.
Israel wurde aus Ägypten befreit.
Damit beginnen die Gebote.
Ihr seid frei – nun lebt auch als die Freien.
Die 10 Gebote Gottes sind für uns Hilfe zum Leben.
Wie Leitplanken und Mittelstreifen für Autofahrer.
Wie Leuchtbojen für die Kapitäne.
Wie gute Ratgeber in entscheidenden Lebensfragen.
Also keine moralischen Zeigefinger,
keine drohenden Fäuste,
keine Angstmacher.
Sondern Freimacher.
Gottes Hilfe zum Leben.
So verstehen wir den Satz:
In Freiheit vor Gott verantwortlich leben.

Erstes Gebot

Ich bin der Herr, dein Gott:
Du sollst keine anderen Götter haben.

Gott will nicht, dass du wie ein Gefangener lebst. Der allmächtige Gott ist auch dein Befreier. Du musst nicht den heutigen Göttern Macht, Geld, Besitz, Sex und Konsum dienen. Vertraue Gott, bei ihm bist du in guten Händen.

Zweites Gebot

Ich bin der Herr, dein Gott:
Du sollst den Namen deines Gottes nicht missbrauchen.

Der allmächtige Gott will seinen Namen nicht für böse Mächte wie Okkultismus und Zauberei missbrauchen lassen. Auch nicht für die Macht, die Personen und Institutionen unter Geringschätzung des Evangeliums in seinem Namen über Menschen ausüben wollen. Sein Name ist ihm heilig, er gehört ihm allein. Du darfst mit Gott ganz persönlich reden: Vater unser – mein Vater im Himmel.

Drittes Gebot

Ich bin der Herr, dein Gott:
Du sollst den Feiertag heiligen.

Gott will nicht, dass wir uns ruhelos in unserer Arbeit schinden und dabei den Kontakt zu ihm verlieren. Darum schenkt er uns den Ruhetag, den wir zum Lob Gottes und zu unserer Freude nutzen dürfen. In der Ruhe können wir zu Gott und so auch zu uns selbst kommen. Am Sonntag ist überall Gottesdienst. Auch die Familie braucht diesen besonderen Tag, damit Vater und Mutter und die Kinder und Kindeskinder Freude miteinander haben.

Viertes Gebot

Ich bin der Herr, dein Gott:
Du sollst Vater und Mutter ehren.

Es geht Gott um die Würde und Ehre der Eltern. Vater und Mutter schenkten uns in Gottes Auftrag das Leben. Auch sie sind schwache Menschen wie wir, doch Gott will, dass wir sie achten und ihnen Respekt erweisen, dass wir sie lieb und wert halten, solange sie leben. Auf dieses Gebot hat der Vater im Himmel einen besonderen Segen gelegt: „... auf dass du lange lebst auf Erden." Offenbar entsteht so eine tiefere „Lebensqualität", die uns guttun wird.

Fünftes Gebot

Ich bin der Herr, dein Gott:
Du sollst nicht töten.

Gott will nicht, das wir Menschen körperlich und seelisch verletzen und ihnen das Leben rauben. Er will, dass wir einander zum Frieden und bei der Gestaltung unseres Lebens helfen. Wir leiden mit, wenn Menschen Kriege führen und ungezählt viele sterben. Wir können Friedenstifter sein. Zuerst um uns herum, doch auch durch unser gesellschaftliches Engagement.

Sechstes Gebot

Ich bin der Herr, dein Gott:
Du sollst nicht ehebrechen.

Gott will nicht, dass du eine Ehe zerstörst und die Sexualität als Macht über andere ausnutzt. Du darfst dich an der Liebe zu einem anderen Menschen freuen und die Ehe als das Haus und Bett der Liebe erleben. Gott verteidigt auch die erotische und sexuelle Liebe vor Missbrauch und Missachtung. Er ist ein „Liebhaber des Lebens“ und will, dass es den Liebenden gutgeht.

Siebentes Gebot

Ich bin der Herr, dein Gott:
Du sollst nicht stehlen.

Gott will nicht, dass wir einen Menschen oder eine Familie um ihr Eigentum bringen, ob es nun direkt durch Diebstahl und Betrug, oder durch raffinierte Geschäftemacherei geschieht. Er möchte, dass wir anderen ihr Hab und Gut gönnen und auch selbst dankbar leben.

Achtes Gebot

Ich bin der Herr, dein Gott:
Du sollst nicht falsch Zeugnis reden.

Gott will nicht, dass wir einander belügen. Er will uns zur Wahrhaftigkeit helfen. Wer einen Menschen bewusst belügt, versündigt sich gegen die Wahrheit und raubt seinem Mitmenschen die Würde. Der Mut zur Wahrhaftigkeit wird uns sehr guttun und unsere seelische und geistige Gesundheit fördern.

Neuntes Gebot

Ich bin der Herr, dein Gott:
Du sollst nicht begehren deines Nächsten Haus.

Wir werden durch den Glauben an Gott, den wir durch Jesus Christus kennen, vom Neid befreit und können dem Nächsten Gutes gönnen und gut über ihn reden. Gott will nicht, dass unser Leben von Zwanghaftigkeit und Gier erfüllt ist. Wir dürfen uns freuen, dass es anderen gutgeht. Wir müssen nicht Übles über sie reden und ihnen das Leben schwer machen.

Zehntes Gebot

Ich bin der Herr, dein Gott:
Du sollst nicht begehren deines Nächsten Frau,
Knecht, Magd, Vieh noch alles, was sein ist.

Gott will nicht, dass unser Nächster sich vor uns fürchten muss, weil wir ihn spüren lassen, dass wir ihm seine Lebens-Möglichkeiten, sein Geld und sein Zuhause nicht gönnen. Das gilt auch für Familien, wenn es um ein Erbe, ein Baugrundstück oder einen Beruf geht. Gott schenkt uns die Freiheit zum Haben und Hergeben. Wer keine Kühe hat, denke an das Auto, wer natürlich keinen Knecht und keine Magd hat, setze dafür Mitarbeiter und Kollegen ein.

Es ist spannend, diese Weisung aus der Nomadenzeit des Volkes Israels in das 21. Jahrhundert zu übertragen. Wie schon gesagt, wer kein Stück Vieh hat, denke dafür an sein Auto, wer keine Knechte und Mägde hat, setze dafür Mitarbeiter und Kollegen ein. In jener alten Zeit bezahlte der Mann für seine Frau wohl noch viele Kamele. Sie war sein Besitz, den ihm niemand nehmen durfte.

Dieses Besitzdenken hat der durch Jesus eingeleiteten vollen Würdigung der Frau Platz machen müssen. Frauen waren die ersten Zeuginnen seiner Auferstehung. Frauen sind nicht das Anhängsel von Männern, sondern ihm völlig gleichgestellt. Wo das nicht so ist, müssen alle darauf hinwirken. So können Glaubende „in der Freiheit eines Christenmenschen“ (Martin Luther) dankbar leben und dem Nächsten zum Guten helfen.

Die „Zehn Worte“, wie die Gebote ursprünglich hießen, geben uns keine Anweisung für jeden Einzelfall des Lebens. Sie muten uns zu, dass wir auf der Basis des ersten Gebotes den Sinn unseres Lebens erkennen und unser Leben entlang aller „Zehn Worte“ gestalten. Wir bekommen keine Wanderkarte, wo jede Wegbiegung eingetragen ist. Wir bekommen einen Kompass, der immer in die Richtung „Gott lieben und den Nächsten wie sich selbst“ zeigt. Die einzelnen Schritte müssen wir in Verantwortung vor Gott und Menschen selbst tun. Um uns in ethischen Fragen zurechtzufinden, brauchen wir die Lektüre der Bibel, gute Freunde, mit denen wir über alles ehrlich reden können und das vertrauensvolle Gebet zu Gott. Gott nimmt uns ernst, er will, dass wir als freie Menschen leben – und er gibt uns seinen Geist, dass wir in der Spur des Lebens bleiben und das Ziel unseres Lebens nicht verfehlen. Wer Gott so entdeckt hat, mag nicht mehr falsche

Wege gehen und gegen Gottes Liebe handeln. Er möchte wirklich in der Liebe leben. So bekommt das Leben seinen tiefen Sinn: in der Liebe zu Gott und den Menschen leben.

Der Apostel Paulus schreibt: „Die Liebe ist des Gesetzes Erfüllung."

Die 10 Gebote Gottes
sind für uns Hilfe zum Leben.
Also keine moralischen
Zeigefinger,
keine drohenden Fäuste,
keine Angstmacher.
Sondern Freimacher.
In Freiheit vor Gott
verantwortlich leben.

Bittere Erinnerung

Ich schreibe diese Kolumne am 27. Januar. Der Tag ist für Deutschland ein besonderer Tag der Erinnerung. Ganz und gar kein Festtag. Eher der erschütternste Trauertag unseres Volkes. Es ist der „Holocaust-Gedenktag". Am 27. Januar 1945 wurde das Konzentrationslager Auschwitz durch sowjetische Truppen befreit. Allein in Auschwitz wurden weit über eine Million Menschen vergast, erschossen und durch Hunger und Krankheiten in den Tod getrieben.

Warum immer noch Erinnerung? Sollte man „das Thema" – wie man so sagt – nicht „endlich ruhen lassen"? Vor etlichen Jahren war es – und immer noch Erschütterung und Beugung unter der Schuld Deutschlands? Gilt denn immer noch eine „Kollektivschuld", wie man viele Jahre bitter diskutierte? Gewiss geschah es „im deutschen Namen", doch nicht durch uns!? Nein, es geschah durch Deutsche, nicht durch eine glatte Formel.

Ich habe als junger Pastor noch mit deutschen Frauen und Männern mosaischen Glaubens, also mit Juden, die mir ihr Vertrauen schenkten, sprechen und mit ihnen einen Psalm beten dürfen. Sie waren dem Morden entronnen und zeigten mir die grob in ihren Arm tätowierte Gefangenennummer des KZ. Das war kein Symbol aus einem hoffentlich sauberen Tattoo-Studio von heute, sonder das Mordzeichen an den zur „Vernichtung" vorgesehenen Menschen aus ganz Europa.

Wie konnte der Wahn entstehen, dass Politiker aus unserem Volk die Vernichtung aller Menschen aus der Religions Israels beschlossen, aus dem der Jude Jesus kam! Ich schreibe hier kein Buch nur darüber, aber ein Hinweis auf die Abgründe in Menschenherzen darf wohl sein. Wir Menschen können uns entsetzlich über unser Sein und Wesen täuschen. Der Holocaust war grausamer Beweis für das „Sünder-Sein" des Menschen, der ohne Verantwortung vor Gott lebt. Der Dämon in Menschengestalt befahl und erschreckend viele Deutsche folgten ihm. Dazu riefen Deutsche ihr Heil, Heil, Heil, der Nazi-Gruß auf den Ver-Führer unseres Volkes.

Wie kann Gott das alles zulassen? Umgekehrt gefragt: Wie kann Gott uns zulassen? Unser Volk konnte nach dem Krieg mit allen selbst verursachten Untaten noch leben und sich als „Wirtschaftswunderland" preisen. Das kann nur Gnade gewesen sein, was denn sonst. Jeder von uns lebt vom Erbarmen Gottes. Das klingt ältertümlich, doch ist es aktuell wie sonst nichts auf der Welt. Herr, erbarme dich. Über unser Volk und über die ganze Welt.

Wir wissen von den schlimmen Konflikten zwischen Israelis und Palästinensern. Es geschehen im Nahen Osten aktuell Ungerechtigkeiten. Es geht nicht um organisierten Mord, sondern um Land und Staatsrechte. Hier kann nichts mit dem Holocaust aufgerechnet werden. Das wäre teuflisch. Doch beide Völker rufen ihren Friedensgruß aus: Shalom und Salam! Christen sagen: Friede sei mit dir! Und sie bekennen: „Christus ist unser Friede". Dieser Friede will in unseren Herzen und Köpfen leben. Wir beten für Israel und Palästina und widerstehen allem Antisemitismus um uns und in uns.

Bei Licht besehen

Der Zirkus ist voller Menschen. Gespannt warten alle auf den Beginn des Programms. Die Manege ist noch dunkel. Ein Scheinwerfer leuchtet auf und wirft einen kleinen Lichtkreis in das Rund der Manege. Oleg Popow, der berühmte Clown, kommt aus dem Dunkel. Er watschelt in viel zu großen Schuhen, trägt einen viel zu weiten Mantel und hält einen kleinen Koffer in der Hand. Der Clown geht auf den Lichtkreis zu, lässt sich in ihm nieder und räkelt sich wohlig im Licht. Das Licht aber wandert weiter, und der Clown sitzt im Dunkel. Er nimmt sein Köfferchen und läuft dem Licht nach. Wieder streckt er sich darin aus, als sei es die wärmende Sonne. Und wieder eilt das Licht an eine andere Stelle der Manege, der Clown hinterher. Nun legt er sich mit seinem ganzen Körper auf das Licht und versucht es festzuhalten. Aber erneut geht das Licht weiter, Oleg Popow ist im Dunkeln. Schließlich läuft er dem Lichtfleck noch einmal nach und beginnt das Licht in seinen kleinen Koffer einzufangen. Offenbar gelingt es ihm, denn nun ist die Manege ganz dunkel. Da öffnet er seinen Koffer und schüttet das Licht mit weiten Bewegungen in das große Zirkuszelt. Es wird taghell unter dem Zeltdach. Die Zuschauer, die den Clown gespannt beobachten, atmen hörbar auf und klatschen begeistert Beifall. Eine seltsame Mischung von Heiterkeit und Nachdenklichkeit hat sie erfasst. Und das große Programm des Abends beginnt.

Oleg Popow, ein Mensch auf der Suche nach Licht, nach Wärme und Geborgenheit. Nicht nur ein großartiger Einfall dieses geistvollen Künstlers, sondern eine symbolische Geschichte, die uns sehr nahe gehen kann.

Wir Menschen suchen das Licht für unser Leben. Wir suchen Wegweisung, Wärme und Geborgenheit. Aber immer wieder läuft es von uns fort. Kaum haben wir uns in irgendeinem der vielen Lichter niedergelassen, sitzen wir schon wieder im Dunkel. So kann das ganze Leben eines Menschen zu einer irrlichternden Suche nach dem Licht werden. Irgendwo muss es doch das Licht geben, an dem wir uns orientieren können und das unser Denken und Fühlen hell macht.

Jesus sagt: „Ich bin das Licht der Welt. Wer mir nachfolgt, der wird nicht wandeln in der Finsternis." Hier ist nicht von einem der vielen Lichter die Rede, die uns auf dem großen Markt der geistigen und religiösen Lampen und Scheinwerfer angeboten werden. Auch nicht vom Neonlicht der Reklame für tausend Sachen, die wir angeblich unbedingt brauchen. Wenn Christus sagt: „Ich bin das Licht", dann meint er sich selbst als das Licht für alle Menschen und Völker. Nicht im Sinne eines „Absolutheitsanspruchs des Christentums", diese schlimme imperialistische Formel, sondern als das absolute Angebot seiner Menschen liebenden Hingabe für uns. Hier wird keiner durch ein grelles Licht geblendet, aber jeder verlockt. „Wer mir nachfolgt", sagt Jesus, „wird nicht im Dunkel bleiben." Wer Jesus näher kennen lernt, wird bald merken, dass er ihn mit seinem Licht auf einen Weg der Freiheit führt.

Aber dieses Licht sollen wir nicht für uns behalten. Wer es in sein frommes Herz einsperrt, wird es wieder verlieren. Wir sollen es in unserer Umgebung ausschütten, damit es heller wird in unserer Alltagswelt und auch unsere Mitmenschen neuen Lebensmut bekommen. „Ihr seid das Licht der Welt", hat Jesus in der Bergpredigt hinzugefügt. „So lasst euer Licht leuchten vor den Leuten, damit sie eure guten Werke sehen und euren Vater im Himmel preisen."

✓

Wer Jesus näher kennen lernt, wird bald merken, dass er ihn mit seinem Licht auf einen Weg der Freiheit führt.

Frohe Ostern!

Der Herr ist auferstanden! Er ist wahrhaftig auferstanden!

Das ist der Ostergruß, den der Priester in der Russisch-Orthodoxen Kirche ausruft und die Gemeinde antwortet. Und Freude breitet sich aus. Dieser inzwischen in der ganzen Christenheit bekannte Gruß setzt sich in den Familien, unter Freunden und Nachbarn fort. Wie ein Lauffeuer.

Ostern ist das große Freudenfest aller Kirchen und Christen überall auf unserem Globus. Die Auferstehung Christi von den Toten hat unmessbare Folgen für alle Menschen und das ganze Universum. „Siehe, ich mache alles neu." So sagt Christus in der Offenbarung des Johannes, dem letzten Buch der Bibel.

Darf man in der Kirche lachen? Komische Frage? Keinesfalls! Manche denken immer noch, dass man sofort nach Überschreiten der Kirchentürschwelle auf Melancholie umschalten muss. Darum kommen sie gar nicht erst an diesen traurigen Ort, sondern bleiben lieber länger im Bett. Sie kriegen also nicht mehr mit, wie sich in vielen Gemeinden die Atmosphäre verändert hat. Auch falsche Informationen können der Grund für den fehlenden Glauben sein. Sich einmischen und mitmischen, das wäre eine gute Reaktion.

In der Kirche darf nicht nur, es muss sogar gelacht werden. Das hat entscheidend mit Ostern zu tun. Natürlich ist uns nicht immer zum Lachen zumute, vieles in unserer Welt ist auch nicht zum Lachen, sondern eher zum Heulen, doch der Grundton der Osterfreude soll sich durch das ganze Jahr ziehen. Die Osterfreude ist die Grundströmung des Glaubens. Dann aber sollte auch einmal richtig gelacht werden.

Jeder Sonntag ist eigentlich ein Osterfest, denn die frühen Christen haben bereits den Sabbat auf den Sonntag verlegt. Es ist der Auferstehungstag, der erste Tag der Woche. In Erinnerung an die Auferstehung Christi von den Toten ist der Sonntag der neue Anfang, der Schritt in den offenen Raum der Freiheit, auch in die Offenheit neuer Erfahrungen mit Gott. Und in jede neue Arbeitswoche. Unter dem Vorzeichen von Ostern. Darum gehen Christen in die Kirche. Der Segen am Schluss ist die Zusage, dass Jesus mit uns geht.

In der frühen Kirche und später weiterhin in der Ostkirche gab es das „Osterlachen". Es war regelrecht eine „Gottesdienstordnung", die kirchlich anerkannt war und mit Begeisterung praktiziert wurde.

Die Menschen saßen in der Nacht von Karsamstag auf Ostern ganz still in den Bänken oder auch auf dem Boden der Kirche. Man hörte den Atem des anderen. Die Gläubigen dachten still nach über den Weg Jesu zum Kreuz, wie er für uns gelitten hat und was das für unsere ganz neue Beziehung zu Gott bedeutet.

Aber dann! Da ging die Post ab. Schlag 12 Uhr in der Mitte der Nacht brach sie aus wie eine Explosion, die Osterfreude. Das „Ostergelächter" hallte durch die Kirche. Die Priester riefen es aus, Christus ist auferstanden und die Menschen lachten und umarmten sich vor Freude. In den Predigten am zweiten Ostertag sollten die Pastoren lustige Predigten halten, die zum Lachen reizten. Manche konnten es, wohl eher die mit den runden Bäuchen, andere hatten den Schwung nicht raus und standen da wie trockene Advokaten, die ein paar ärmliche Witzchen versuchten. Doch insgesamt war es eine sehr beliebte Tradition. Ein bisschen Kabarett kann nicht schaden. Hans Dieter Hüsch, der Kabarettist und Christ, ist auch ein bekannter Prediger.

„Ich bin vergnügt, erlöst, befreit,
Gott nahm in seine Hände meine Zeit,
mein Fühlen, Denken, Hören, Sagen,
mein Triumphieren und Verzagen,
das Elend und die Zärtlichkeit.“

In späteren Zeiten wurde der Gottesdienst mit dem „Ostergelächter“ von den Bischöfen abgeschafft, weil manche Priester zu derb spaßten. Es gab anstatt des Lachens wohl eher ein Gebrülle. Das Wirtshaus landete in der Kirche. Schade eigentlich, ich würde zu gerne auch heute noch eine „Lach-Predigt“ halten.

Durch das ganze Evangelium zieht sich die Osterfreude. Die Jünger hockten nach Ostern zum Beispiel in einem von innen verrammelten Raum, sie saßen dort vor Angst gelähmt. Jeden Moment konnte eine römische Einheit auftauchen und sie als Anhänger dieses gekreuzigten Jesus verhaften und auch an Kreuze hängen.

Es geschah jedoch das absolute Gegenteil. Plötzlich stand Jesus vor ihnen und sprach: „Friede sei mit euch“. Dann zeigte er ihnen seine Wunden in den Händen und seiner Seite und sagte erneut: „Friede sei mit euch“, dieses befreiende Wort, wie wir es bis heute kennen. „Da wurden die Jünger froh, weil sie den Herrn sahen.“ Er verurteilte sie nicht, er beauftragte sie zur Mission. Von da an breitete sich die Freude aus, die bis heute weiterwirkt. Der Glaube ist eine ansteckende Gesundheit. Wenn wir ihn endlich richtig verstehen. Leider gibt es immer noch Christen, die ihren verkrampften Ernst für eine besonders tiefe Form des Glaubens halten.

Die ersten Christen haben sich die Geschichte mit der Auferstehung nicht ausgedacht. Die vier Evangelien reden radikal ehrlich davon, wie die Anhänger Jesu zunächst zweifelten. Sie glaubten den Frauen nicht, die ihn gesehen hatten und widersprachen ihnen. Erst durch die Begegnungen mit dem Auferstandenen erfuhren sie das umstürzende Geschenk des Glaubens. „Nehmet hin den heiligen Geist“, sagte Jesus zu den Männern hinter der Tür – da konnten sie glauben. Thomas, der Zweifler, erlaubte sich noch eine Verzögerung, doch dann sagt er das große Bekenntnis: „Mein Herr und mein Gott.“ So sagen die Christen bis heute in ihren Gebeten und Liedern über Jesus und vor den Menschen.

Der theologisch hoch gebildete Paulus hat die Frage der Auferstehung Christi knallhart, geradezu analytisch durchdacht und auf die Spitze getrieben. „Wenn Christus nicht auferstanden ist, dann ist unsere Predigt umsonst, dann ist auch euer Glaube umsonst.“

Dann wäre die ganze christliche Lehre und Botschaft leeres Geschwätz und frommes Getöse. Die Prediger wären betrogene Betrüger. Die ganze Rede von der Hoffnung des ewigen Lebens und der Kraft des Glaubens wäre ein Schuss in den Ofen. Die Christen stünden da wie Idioten. Ohne die Wahrheit von der Auferstehung am ersten Ostermorgen wäre der ganze Glaube der Christenheit ein einziger Nonsens und der Glaube nur eine derjenigen Religionen, die im Nebel herumstochern und irgendwas und irgendwen suchen, doch nichts finden. Nur immer wieder das eigene ratlose Gesicht.

Lesen Sie den Abschnitt 1. Korinther 15, die Verse 14 bis 19 in Ruhe durch, Satz für Satz. So radikal – so an die Wurzeln gehend – hat der Apostel Paulus von dem Auferstandenen geredet. Wäre das alles nur ein Mythos, eine Erfindung zur Selbsttröstung, hätte Paulus nicht solche „selbstmörderischen" Wahrheitsfragen gestellt. Bis heute ist die christliche Theologie so radikal. Ich kenne keine Religion, die sich derartig hart selbst in Frage gestellt hat, immer wieder. Mir scheint, das ist ein starkes Argument für den Jesus-Christus-Glauben.

Das ist gut so, unser Glaube soll Gewissheit haben. Christen spinnen nicht, sie sind tief überzeugt. Das schafft der heilige Geist in unseren Herzen. Er übersetzt die Wahrheit von Ostern über „den garstigen Graben" von 2000 Jahren bis ins 21. Jahrhundert. In die Köpfe und Herzen der Menschen, die sich sehnen und nach der Freude, der Liebe und den Perspektiven des Glaubens fragen.

Die Osterfreude der Christen kommt aus der Botschaft von der Auferstehung des Gekreuzigten. Sie ist durchs Feuer gegangen, sie kommt aus jener „Explosion", in der Gott seinen Weg mit der Welt neu begonnen hat. Das Grab Jesu wurde von Gott aufgebrochen, nun ist der Deckel der Angst von allen Gräbern abgeräumt und wir werden leben, auch wenn wir sterben. So lese ich es im Johannes-Evangelium. Ostern vertreibt aus uns die Todesangst, das Leben mit Christus geht weiter, immer weiter, auch durch die Wand des Todes.

Der große Theologe des 20. Jahrhunderts, Karl Barth, hat gesagt: „Wer die Osterbotschaft gehört hat, der kann nicht mehr mit tragischem Gesicht umherlaufen und die humorlose Existenz eines Menschen führen, der keine Hoffnung hat."

Die Folgen von Ostern gehen weiter, ER geht uns voran ...

Jesus lebt, er ist mitten unter uns, wo auch immer wir ihn anrufen. Er ist bei jedem einsamen und verzweifelnden Menschen, der seinen Namen ausruft. Auch bei denen, die sich von ihm abgesetzt haben und sich doch immer mehr nach ihm sehnen. Manche meiner Freunde und Freundinnen ahnten es und wagten es, sich zu öffnen für Jesus. „Jesus, bitte komm in mein Denken und Fühlen hinein, ich möchte mit dir leben." Und er kam zu ihnen. Unsichtbar, doch geheimnisvoll real.

Jesus lebt, er zeigt uns seine von den Nägeln durchbohrten Hände und seine Seite, in die sie die Todeslanze stachen, um seinen Exitus eindeutig festzustellen. Dieser Mann war tot, ganz tot. Doch er ist auferstanden, er lebt. Und sagt zu uns moralischen Versagern und an unserer Arroganz leidenden Männern und Frauen, Jungen und Mädchen, Frommen und Unfrommen: „Dir sind deine Sünden vergeben" – und wir stehen auf und gehen den neuen Weg mit ihm.

Jeder soll es hören und den Mut des Glaubens wagen, sich umkehren lassen und dann in der Spur der Nachfolge Jesu sein Leben neu orientieren. Der lebendige Jesus Christus geht uns voran wie damals seinen Jüngern. Wer ihm nachfolgt, der merkt es. Immer mehr und immer konkreter.

Dietrich Bonhoeffer, der Märtyrer des Glaubens, wurde am 9. April 1945 als 36-jähriger Mann im KZ Flossenbürg von den Nazi-Henkern am Galgen ermordet. Er habe noch nie einen Menschen vor der Hinrichtung so hingebungsvoll und innig beten gesehen, hat ein anwesender Arzt später berichtet. Mit einem Ruf der lebendigen Hoffnung sei er gestorben.

Bonhoeffer schrieb in seinem Buch NACHFOLGE:

> *„Nachfolgen heißt bestimmte Schritte tun.*
> *Bereits der erste Schritt, der auf den Ruf hin erfolgt,*
> *trennt den Nachfolgenden von seiner bisherigen Existenz.*
> *So schafft der Ruf in die Nachfolge sofort*
> *eine neue Situation … Mit dem ersten Schritt*
> *ist der Nachfolgende in die Situation gestellt,*
> *glauben zu können."*
> *Frohe Ostern.*

Kolibris im Einsatz

Die Kolibris sind die wohl kleinsten und farbenprächtigsten Vögel auf unserem Globus. Diese Winzlinge wiegen in ihrer kleinsten Art nur zwei Gramm und erreichen etwas größer gar zwanzig Gramm. Sie heißen spanisch „Picaflor" (Blütenpicker), weil sie sich aus dem Nektar der Blüten ernähren. Mit ihren langen Schnäbelchen dringen sie tief in die Blüten ein und ziehen ihre Nahrung hervor. Dabei stehen sie in der Luft, was ihnen die rasend hohe Schlagfrequenz ihrer Flügel erlaubt, sie können sogar rückwärts fliegen.

Auf dem Evangelischen Kirchentag diskutierten in einer der großen Hallen Fachfrauen für Entwicklungshilfe aus verschiedenen Ländern mit dem damaligen Bundeskanzler Schröder und Wangari Maathai aus Kenia über die Folgen der Globalisierung und die Hilfe für die armen Völker unserer Erde. Wangari Maathai bekam in jenem Jahr den Friedens-Nobelpreis in Oslo. Sie hat sich mit Leidenschaft für die Armen, die Frauen und – man staune – auch noch für die Wälder engagiert. Als die Diskussion zu Ende ging, erzählte Wangari Maathai folgende Geschichte:

Ein großer Wald geriet in Brand. Der Wind fachte die Flammen an, das Feuer breitete sich rasend schnell aus. Alle Tiere rannten aus dem Wald und standen nun vor ihrer brennenden Heimat. Andere große Tiere kamen von außen dazu und alle schauten den brennenden Wald an. Sie knurrten und bellten und kreischten und brüllten, sie waren verzweifelt.

Nur ein kleiner Kolibri raste so schnell er konnte zwischen dem Fluss und dem brennenden Wald hin und her. Er nahm ganz schnell Wasser aus dem Fluss und sprühte das Wasser aus seinem kleinen Schnabel über den Wald aus. So flog er hin und her und her und hin, immer mit seinem kleinen Hals voll Wasser und sprühte es ins Feuer. Die großen Tiere lachten und verspotteten den Kolibri: „Was macht du denn da, das ist doch ganz nutzlos, der Wald brennt doch immer weiter." Der Kolibri zwitscherte zurück, er konnte kaum noch zwitschern: „Ich mache das Bestmögliche, was in meinen Kräften steht."

Darauf Frau Maathai: „Deshalb fordere ich sie alle auf, nach Hause zu gehen, unserem Gott zu dienen und das Bestmögliche zu tun, was in unserer Kraft steht."

Wo brennt bei uns der Wald? Im Nachbarhaus? In der eigenen Familie? Sogar in der Kirchengemeinde? Im Jugendkreis? Im Sportverein? Im Leben des liebsten Menschen? Wo ist der Brandherd in unserem Dorf, in unserer Stadt? Wo treffen sich die Alkoholiker, die Drogenabhängigen? Wo sind Menschen, die null Ahnung von Jesus und seinem Evangelium haben und sich doch heimlich nach Gott sehnen?

Lernen wir beim Kolibri und tun wir, was das Bestmögliche ist, was wir können. Mehr können wir ja auch wirklich nicht, doch was wir können, das wollen wir tun. Wir werden Europa persönlich kaum aus der Finanzkrise führen können. Aber tun wir doch, was wir können. „Vor Ort" wie man im Ruhrgebiet sagt.
Eine E-Mail an einen Menschen, der allein zwischen vier Wänden sitzt, die ihn anstarren und er sie, er wird sich echt freuen. Ein Brief an einen Kranken. Ein Besuch am Bett eines Kollegen im Krankenhaus. Ein tapferes Wort

in einem Betriebskonflikt. Ein Engagement in der kleineren Politik. Oder auch in der Schule. Irgendeine kleine Liebe in einer vielleicht großen Not. „Ich mache das Bestmögliche, was in meinen Kräften steht", zwitscherte der Kolibri. Lernen wir bei ihm, es wird anderen und unserer eigenen Seele guttun. Helfen macht Freude, es holt auch uns aus den Ecken heraus. „Liebe üben", „Gutes tun", „Verantwortung übernehmen", das sind die Standards. Für Menschen, die sich an Jesus orientieren, oder gerade damit anfangen wollen.

✓

Genauso ist es auch mit dem Glauben: Wenn aus ihm keine Taten hervorgehen, ist er tot.

Jakobus 2,17

SOS – Save Our Souls

SOS ist das internationale bekannte Seenot-Rettungszeichen. Dreimal kurz, dreimal lang, dreimal kurz. So muss dieser Code gesendet werden. Und das immer wieder, immer wieder. Über See per Funk oder starke Lichtsignale, bei Bergwerksunglücken und Gebäudeeinstürzen mit Klopfzeichen an Wänden und Stahlteilen. Rettet unsere Seelen, rettet meine Seele.

Seele meint natürlich kein Körperorgan, wie spottende Operateure es nicht finden wollten. In der Sprache der Bibel ist es der Mensch in seiner Existenz vor Gott und so das Innerste des Menschen. Doch ist es nicht ein Teil des Menschen, sondern der Mensch in seiner Gesamtheit. Diese Seele will gerettet werden. Und Gott will sie retten. Leib, Seele und Geist. Modern kann man Existenz sagen. Der Mensch in all seinen Verbindungen.

Nach der Selbsttötung des Torwarts Robert Enke vor einiger Zeit wurde in ganz Deutschland intensiv und betroffen über die Krankheit Depression diskutiert. Ein guter Rat von Ärzten und Betroffenen, die gesund wurden, sollte im Bewusstsein bleiben. Man muss über diese tiefe seelische Erkrankung offen reden. Wer depressiv ist, darf sich nicht als Versager fühlen und nicht als solcher behandelt werden. Wenn einer raus ist aus dieser dunklen Kiste, sollte er anderen davon erzählen. Nicht aufdringlich und eitel, sondern Mut machend. Hören wir nicht das SOS durch unseren Alltag und durch die Gesellschaft dringen? Viele senden es aus: SOS, rettet unsere Seelen, rettet meine Seele.

Als noch junger Pastor steckte ich in einer „Erschöpfungsdepression“, die wohl auch genetische Anteile hatte. Ich lebte wie der „rasende Reporter“ Gottes und überholte mich auf den Autobahnen sozusagen selbst. Mein Bischof gab mir für drei Monate frei, ich könne z. B. Schlösser an der Loire besuchen. Nach drei Wochen war ich wieder zu Hause. Gute Ärzte halfen, Margarete half ihrem Mann. Doch ein Buch war deutlich an der „Zurechtbringung“ meiner Seele beteiligt. Es war das Buch des aus Deutschland stammenden amerikanischen Theologen und Philosophen Paul Tillich „Der Mut zum Sein“. Er übersetzte das von Gott durch Paulus vermittelte Evangelium von der „Rechtfertigung allein aus Gnade, allein durch den Glauben, allein durch Christus“ ganz neu in meine Seele. Kein leicht zu lesendes Buch, das ich auch kritisch sortierte, doch hatte es eine befreiende Botschaft. Es gab darin Gedanken und Sätze, die in mir als Heilung der Seele wirkten. Für mich war es so, andere mögen hier leise lächeln.

Der grundlegende Satz von Paul Tillich hat mich zuerst gepackt: „Glaube ist der Mut, sich zu bejahen als bejaht.“ Die Selbstbejahung nicht als selbstgemachter psychologischer Aufschwung, sondern auf der Basis des großen „Ja“ Gottes zu mir. Hier geht die Tür in die Freiheit auf. Diese Gewissheit kehrt dann auch in die Psyche ein. Doch alles ist begründet durch Gottes Zuvorkommen: „Der Mut des Glaubens wurzelt in der persönlichen, totalen und unmittelbaren Gewissheit der göttlichen Vergebung.“ Tillich argumentiert, wie Luther schrieb: „Wo Vergebung ist, da ist Leben und Seligkeit.“ Und immer wieder geht es im „Mut zum Sein“ um diesen heilenden Zugang zum Glauben: „Das Angenommensein annehmen, obgleich man unannehmbar ist, das ist die Basis für den Mut des Vertrauens.“ Doch geht es bei diesem ganz besonderen Denker nicht um theoretische Thesen, sondern er dringt in die Mitte der Existenz vor: „Gott wird erfahren in einer einmaligen und persönlichen Begegnung.“ Diese erfahre ich in der Begegnung mit Christus in seinem Evangelium.

So also rettet Gott unsere Seelen. Nicht erst für die „selge Ewigkeit“, sondern bereits für unser Leben auf dieser Erde. Das ist ein starkes Heilmittel auch gegen unsere Depressionen und die lähmenden Gedanken.

Glaube ist
der Mut,
sich zu bejahen
als bejaht.

Ich bin ein hoch bezahlter Mensch

Zwei Männer knien in einem Sportstadion auf der Kunststoffbahn. Ihre Füße stehen ganz korrekt in den Startblöcken, gleich werden sie losstürmen. Das Verrückte an diesem Bild aber ist, dass es sich nicht um Sportler handelt, sondern offenbar um Geschäftsleute, Studienräte, Manager oder auch ganz normal um städtische Angestellte etwa. Sie tragen ordentliche Anzüge, Krawatten und Straßenschuhe, und in der linken Hand hält jeder eine Aktentasche. Und über dem Foto steht der Satz: „Zum Erfolg verdammt".

Was gemeint ist, wissen viele von uns nur zu gut. Nicht nur Chefs, leitende Angestellte, Politiker, Ärzte und überhaupt Frauen und Männer in verantwortlichen Positionen, sondern es fängt ja schon in jungen Jahren an und gilt dann für fast alle Berufe und Lebensabschnitte. Wenn unser Leben gelingen soll, dann müssen wir wohl immer und überall gut sein: gut in der Schule, gut in der Ausbildung und beim Studium, gut bei Prüfungen und Examen, gut in der Liebe, gut in der Ehe und gut bei der Erziehung der Kinder; und die Kinder müssen wiederum gut sein. Sie ahnen, was ich meine, es geht immer so weiter. Entsetzlich, wenn man zu solch einem Lebensprogramm verdammt ist, das kann doch nicht gutgehen, es muss geradezu krank machen.

Der Mensch soll also so viel wert sein, wie er besitzt, leistet und weiß. Im wahrsten Sinne ein materialistisches Denken, bei dem das Geheimnis des Menschen auf der Strecke bleibt.

Gott sei Dank gibt es ein ganz anderes Bild vom Menschen, eine völlig andere Bewertung unseres Lebens. „Ihr seid teuer erkauft", lese ich im Neuen Testament, Gott hat viel für uns angelegt, alles, nämlich seinen Sohn. „Lasst uns lieben, denn er hat uns zuerst geliebt", steht ebenfalls geschrieben. Wer von Gott geliebt wird, wer so hochgeschätzt ist, der kann auch andere lieben und wertschätzen. Und noch einmal das Neue Testament, ein Wort des Apostels Paulus: „Nehmt einander an, wie Christus euch angenommen hat." Hier ist von Bewertungen und Umgangsformen die Rede, die den Menschen nicht niederdrücken und in Ängste oder Aggressionen versetzen, sondern ihn aufrichten und lebensfähig machen.

Welch eine Befreiung kann es sein, wenn jemand die einfache und so befreiende Wahrheit begreift: Weil Gott mich liebt, bin ich wertvoll. Weil Christus mich angenommen hat, so, wie ich bin, habe ich das entscheidende Examen bereits bestanden. Ich bin Gott so viel wert, dass er für mich seinen Sohn hingibt, ich bin ein hoch bezahlter Mensch. Gott will gar nicht, dass ich mich vor ihm und heimlich auch vor mir selbst und anderen abquäle, um anerkannt zu werden, ich bin anerkannt, noch besser kann ich gar nicht werden. Das alles aber macht mich nicht faul und arrogant, sondern bringt mein Leben in Bewegung. Nun will ich auch tun, was ich kann, einfach um zu helfen und um Freude am Leben zu haben und als ein dankbarer Mensch auf dieser Erde zu leben. Nicht „zum Erfolg verdammt", sondern zum Leben befreit.

After Kopenhagen

Bäume
schreien nicht,
stöhnen nur,
wenn die Axt
sie trifft.

Fische
weinen nicht,
sterben stumm,
wenn das Gift
sie frisst.

Flüsse
klagen nicht,
tragen schwer
Dreck und Tod
mit sich.

Bäume, Fische,
Vögel, Blumen,
Wasser,
Luft und Erde
fragen stumm:

Wann
schreit ihr
für uns?
Wann
schreit ihr?
Wann?

Quellennachweis s. Seite 159.

Die gequälte Erde

Alan Shepard war einer der ersten Amerikaner im Weltall. Von ihm stammt der Satz: „Als ich auf dem Mond stand und zum ersten Mal die Erde aufgehen sah, habe ich geweint." Ganz offensichtlich vor Glück und vielleicht war auch etwas von der Anbetung Gottes dabei.

Die meisten Astronauten haben von religiösen Erfahrungen berichtet. Es war so überwältigend.

Auch andere Astronauten haben sich tief bewegt geäußert: „Ich war von der zerbrechlichen Erscheinung der Erde erschrocken." Ulf Merbold, Deutschland. „Die Erde war klein, hellblau und so bewegend allein: Unsere Heimat, die wie ein heiliges Relikt verteidigt werden muss." Alexej Leonov, UdSSR.

Inzwischen hat man damit begonnen, die technisch hervorragenden Fotografien von den zahlreichen Raumfahrten miteinander zu vergleichen und kommt zu erschreckenden Ergebnissen. Der blaue Planet ist in großer Gefahr. Die lange beobachteten Zerstörungen des Planeten gehen schnell voran.

Mit Bestürzung berichtete vor kurzem die Discovery-Kommandantin Eileen Collins nach der Landung in Kalifornien: „Ich sah entwaldete Gebiete, starke Erosionen und Flüsse, die braun statt blau waren." Die Zeitungen haben Reportagen, Berichte und Kommentare veröffentlicht, die einem das Blut kalt werden lassen können. Offenbar entwickelt sich die Zerstörung der Natur auf eine so rasante Weise, dass wir um die Zukunft unserer Kinder besorgt sein müssen. Der Grundnahrungsstoff für alles Leben ist Wasser. Durch das brutale Abholzen der Regenwälder wird der Wasserhaushalt der Erde dramatisch gestört. Pro Minute sollen auf unserem Globus mindestens 28 Hektar Wald für immer verloren gehen. Der Wald stirbt, so sehen es die Wissenschaftler mit ihren Augen und Bilddokumenten aus dem All. Mehr als die Hälfte der Wälder dieser Erde hat der Mensch bereits verbraucht. Vor allem in den letzten Jahrzehnten.

Diese Litanei könnten wir unentwegt fortsetzen, doch da rufe man die Stichworte in den Suchmaschinen auf und lese gute Zeitungen.

Was soll dieser Kommentar hier?
Für die private Seelenpflege ist er gewiss ungeeignet, doch für das Nachdenken und Handeln kann er den an Gott glaubenden Menschen in die Verantwortung rufen. Und gewiss auch die Freunde und Freundinnen, die das Wort „Schicksal“ einsetzen, wo andere Gott sagen. Sorry, ich würde dabei langsam aber sicher innerlich kaputt gehen. „Die Erde ist des Herrn und was darinnen ist“, beten die Psalmsänger. Natürlich dürfen wir von der Natur reden, doch tiefer geht das Wort Schöpfung. „Was unbegreiflich ist, ist darum nicht weniger wirklich.“ So schrieb der Naturforscher Blaise Pascal. Die Schöpfungsgeschichte im 1. Buch Mose (Genesis) ist kein und will kein wissenschaftlicher Bericht sein, sondern ein in die Bilder und Vorstellungen der alten Zeit gebrachter Lobpreis auf Gott und eine Abwehr der Götter, die von Menschen erdacht sind. Vielleicht sieht Gott seine Erde auch „von oben“ an und weint? In der Schöpfungsbotschaft auf den ersten Seiten der Bibel heißt es am Ende des sechsten Tages: „Gott sah an alles, was er gemacht hatte, und siehe, es war sehr gut.“ „Sehr schön“ hat der große Theologe Karl Barth einmal

übersetzt. Wie sehr muss Gott an uns Menschen leiden! Auch um uns vor uns selbst zu retten, hat er Christus auf diese Erde geschickt. Es gibt ja nicht nur individuelle Sünden, sondern auch globale und sogar kosmische.

Wer das Wort Gottes in der Bibel liest und glaubt, sollte selber Psalmen dichten und beten. Alle Glaubenden auf unserer Erde müssen zu Gott schreien und zwar so laut, dass es auch jenen Machthabern in den Ohren gellt, die sich den vernünftigen Rettungsprogrammen der Völkergesellschaft immer noch entziehen und weiter an dem Ast sägen, auf dem wir gemeinsam sitzen. Unsere Kinder und Kindeskinder und deren Kinder und Kindeskinder wollen auf dieser Erde leben, wenn wir alle schon längst nicht mehr auf diesem Globus sind. Und durch den Glauben an Jesus Christus im Himmel Gottes sind. Aber noch stehen wir hier auf unserer Erde in Verantwortung. Auch ethisch und politisch und durch unseren „Protest gegen den Tod" (Johann Christoph Blumhardt), den Menschen anrichten.

„Herr, erbarme dich,
Christus erbarme dich,
Herr, erbarme dich unser aller
und deiner wunderbaren Schöpfung ..."
Amen.

Sie haben sich gar nicht verändert!

Ein Mann, der Herrn K. lange nicht gesehen hatte, begrüßte ihn mit den Worten: „Sie haben sich gar nicht verändert." „Oh!", sagte Herr K. und erbleichte.

Es gibt Sachen, die man nie mehr vergisst. Bei mir sind es u. a. „Die Geschichten vom Herrn Keuner" von Bertolt Brecht. Die für mich unvergesslichste „Geschichte des Herrn K." aus diesem kleinen Büchlein steht oben.

„Warum?", fragen sie mich und ich sage „Darum". Weil es mein Problem ist und – mit Verlaub – auch Ihres sein dürfte. Diese erbärmliche Neigung zum Konservatismus in sich und mit sich selbst. Konservatismus nicht im vornehmen Sinne eines Konservativen aus dem Königreich jenseits des Kanals. Der soll meinetwegen seinen Hut aufbehalten und den Regenschirm ständig bei sich behalten. Ich verachte auch keine „Konservativen", die etwas hüten und bewahren wollen, was unbedingt wichtig ist.

Ich meine dieses „Seine Meinung nie ändern" und „Nicht über den Tellerrand gucken", aber auch das „Gläubigsein ohne sich in der weiten Christenheit umzusehen". Man ist nun mal ein Katholik, oder Evangelischer, oder Baptist, ein Evangelikaler, vielleicht auch ein bisschen Atheist, oder doch eher nur ein Agnostiker (das ist die mildere Form des Atheismus). Man hat sich darauf festgelegt, dass man „jegliche Form übersinnlicher oder göttlicher Erkenntnis bestreitet". So steht es in einem klugen Buch über Fremdwörter. Diese letzte, angeblich sogar philosophische Haltung, kann ja durchaus auch „interessegeleitet“ sein.

In dieser Gefahr stehen wir doch alle, wir tragen Siebe im Kopf, die aussieben, was wir nicht wissen möchten und durchlassen, was uns bestätigt. Doch das gilt nicht nur für Ungläubige, sondern auf andere Art auch für Gläubige. Gerade der Christ sollte hellwach gegenüber sich selbst sein.

Martin Luther King, der amerikanische Baptist und Bürgerrechtskämpfer hat eine der Predigten gehalten, die ich auch nicht vergessen kann. Sein Predigttext steht im Brief des Paulus an die Gemeinde in Rom und heißt: „Und stellt euch nicht der Welt gleich, sondern verändert euch durch Erneuerung eures Sinnes.“

Er spricht von denen, die immer „den Weg des geringsten Widerstands wählen“ und „nach dem rhythmischem Trommelschlag der Tradition marschieren“. Sie seien eben ständig Mitläufer. „Die meisten Menschen, und ganz besonders Christen, sind Thermometer. Sie zeigen die Temperatur der Mehrheitsmeinung an. Aber sie sind keine Thermostaten. Sie ändern und regeln die Temperatur der Gesellschaft nicht.“

Galten diese Sätze nur für die Zeiten, als die Weißen vor allem im Süden der USA dafür sorgten, dass die Schwarzen nicht mit ihnen in einem Bus fahren durften?

Nein, diese Wahrheit von der Veränderung und gar Erneuerung unseres Lebens gilt jeden Tag auf der ganzen Welt. Ich meine nicht nur die Veränderung unserer politischen Gesinnung, die kann auch notwendig sein. Ich meine jene tiefe innere Veränderung, die Paulus die

Veränderung des Denkens, des Bewusstseins nennt. Verweigert euch den Leitlinien eines Lebens ohne Gott und richtet euer Denken und Tun vollständig neu aus. Der katholische Theologe Johann Baptist Metz spricht von der „Revolution der Herzen" und meint ausdrücklich jene Bekehrung, von der das Evangelium spricht.

Jesus rief zur Umkehr zu einem ganz neuen Lebensweg auf. Er rief nicht nur dazu auf, er gab auch die Kraft zur Bekehrung: „Kehrt um und vertraut der Freudenbotschaft." So beginnt die Nachfolge Jesu Christi: das ganze Leben an den Worten und Taten dieses Jesus orientieren. Er selbst opferte sein Leben für uns, damit wir „neue Menschen" werden können.

✓

Gerade der Christ sollte hellwach gegenüber sich selbst sein.

Hier wird Wäsche gewaschen

Ein armer Student sah in einem Schaufenster ein Schild hängen, auf dem zu lesen stand: „Hier wird Wäsche gewaschen." So packte er die in seiner Studentenbude reichlich vorhandene schmutzige Wäsche in einen Korb und ging zum Geschäft, wo er das Schild gesehen hatte: „Hier wird Wäsche gewaschen." Die Frau an der Ladentheke erklärte jedoch, dass er sich geirrt habe, bei ihnen würde keine Wäsche gewaschen. Aber es stehe doch auf dem Schild im Schaufenster, sagte der Student. Ja, bestätigte die Frau, doch in ihrem Geschäft würden nur Schilder verkauft, so auch dieses. Da zog der arme Student enttäuscht wieder mit seinem Korb voll ungewaschener Wäsche durch die Straßen Kopenhagens in seine Studentenbude zurück. Ein Kenntnisreicher sagte mir, der Philosoph Sören Kierkegaard selbst sei dieser Student gewesen.

Sind unsere Kirchen und Gemeinden, ob evangelisch, katholisch oder freikirchlich etwa nur Einrichtungen, in denen Schilder verkauft werden, doch nicht zu bekommen ist, was drauf steht?

Freiheit steht drauf, doch eben nur die Buchstaben, die Erfahrung der „Freiheit der Kinder Gottes" vom Zwang der Selbsterlösung leider nicht.

Oder Vergebung? Da kommt jemand mit einem beschwerten Gewissen, er oder sie möchte nicht nur hören, dass es Vergebung der Schuld gibt, sondern sie konkret erfahren. Aber man spricht ihm oder ihr in der Predigt nicht konkret zu, dass seine/ihre Schuld durch Christus am Kreuz weggetragen ist. Davon geht man in dieser Kirche einfach theoretisch aus, das Existenzproblem wird nicht erkannt.

Gemeinschaft ist ein Hauptwort des Glaubens der Christenheit auf dieser Erde, doch lässt der laut singende Christ den einsamen Glaubenssucher neben sich in der Kirchenbank nicht einmal in sein Gesangbuch gucken. Soll er sich doch eins kaufen. Ganz abgesehen von der Kühle im ganzen Leben der betreffenden Gemeinde.

Alles nur Schilder, auf denen Wörter geschrieben stehen, hinter denen nichts zu finden ist? Ein entsetzlicher Gedanke. Sören Kierkegaard traute sich, ihn öffentlich zu machen.

Man bekommt schnell Beifall, wenn man die Kirchen kritisiert, doch diesen Trick können wir uns nicht leisten. Was steht denn auf mir drauf? Ist drinnen, was drauf steht? Fußballer tragen auf ihren Trikots Werbesprüche der Sponsoren. Und wenn sie mit dem Konzern auch persönlich absolut nichts zu tun haben, sie laufen 90 Minuten pro Spiel damit auf dem Spielfeld und vor den TV-Kameras herum.

Sie sind nur Werbeträger. Wenn bei mir Christ drauf steht, ist dann auch Christ (Christus) drin? Oder bin auch ich nur ein Werbeträger? Wenn bei jemand Glaube draufsteht, ist dann auch Glaube drin? Oder Liebe, Barmherzigkeit, Versöhnung, Friede und Jesus selbst. Nur Schilder? Etikettenschwindel? Keine Wirklichkeit? Kirche und Christentum ohne Jesus Christus? Oder viel zu wenig von ihm? Dafür andere hübsche neue Wörter wie Strukturveränderung, Leitbilder, Qualitätsmanagement und allerlei Parteilichkeiten nicht nur politischer Art. Dabei kann die wahre Qualität des Glaubens längst flöten gegangen sein. Hat Gott die Kirche verlassen? So freiheitlich-frech hat der Kabarettist Dieter Hüsch zu reden und zu singen gewagt.

Das aber muss und darf sich ändern. Reinlassen, darum geht's. Jesus Christus reinlassen. Ins Leben und in die Kirchen. Alle guten Gaben Gottes, vorweg die Freude und Vergebung. Und den Heiligen Geist, er ist der Mutmacher des Glaubens. Und keine Schilder hinhängen, die nur Dekoration sind.

Man merkt, diese Geschichte mit dem Schild „Hier wird Wäsche gewaschen" geht weiter. Dazu gibt es noch viel zu bedenken.

Oh Happy Day

Ein Gospelsong, der wie Traubenzucker fürs Gemüt ist. Er fährt mir sofort in Herz und Kopf und die Beine beginnen zu swingen. Wer die wunderbar tiefen, doch manchmal etwas schweren Kirchenlieder unserer Tradition für eine Weile als Last auf seinem Gemüt empfindet, der lege sich mal den Song auf, der auch in dem Film „Sister Act" gesungen wird.

Oh happy day, Oh happy day
When Jesus washed
Oh when he washed
He washed my sins away.

Da geht die Post ab. Das ist volle Kanne Glaubensfreude. Da bebt der Boden. Halleluja!

Doch schon regt sich das religiöse und kulturelle Gewissen des kühlen Westeuropäers. Der Glaube ist doch eine ernste Angelegenheit. Es geht dabei doch um Stille, Meditation, Besinnlichkeit und um den Ernst der Ewigkeit. Und schon sprießen die Magengeschwüre, die Psyche ist tief traurig, die psychosomatischen Reaktionen setzen ein. Wer seine Seele in den Keller sperrt, muss sich nicht wundern, wenn er die Freude des Glaubens nur selten oder nie erlebt. Das süße Gift der Melancholie bestimmt in weiten Teilen die christliche Art zu glauben. In der Tiefe lauert wieder einmal die Gefahr der versteckten Selbstgerechtigkeit, die sich bei Gott zum Liebkind machen möchte. Gott muss es mir doch anrechnen, dass ich es so ernst nehme. Da bleibt das Leben der Gläubigen auf Moll gestimmt. „Aus tiefer Not schrei ich zu dir" ist ein unverzichtbares Lied für Gottesdienste, in denen über Not und Tod nachgedacht wird. Viele haben es auch gebetet. Doch das kann nicht der Sound des Glaubens für alle Tage und für immer sein. Der Cantus Firmus des Glaubens heißt nicht Ernst, sondern Freude. Wer sie kennt, wird auch ernsthaft sein können.

„Wer die Lehre Christi begreift, hat dasselbe Gefühl wie der Vogel, der bis dahin nicht wusste, dass er Flügel besitzt und nun plötzlich begreift, dass er fliegen, frei sein kann und nichts mehr zu fürchten braucht." So schrieb der große Russe Leo Tolstoi. Er meint keine kalte Lehre, sondern die komprimierte Freudenbotschaft von Jesus und Gott.

In der Geschichte von der Heimkehr des „verlorenen Sohnes", die auch die „Liebesgeschichte des Vaters" genannt wird, erzählt Jesus, dass der in die ferne Fremde verschwundene Sohn nach einer heftigen Playboy-Tour schließlich pleite und hungrig als Schweinehüter endet und sich entschließt, wieder nach Hause zu gehen. „Ich will mich aufmachen und zu meinem Vater gehen und zu ihm sagen: Vater, ich habe gesündigt gegen den Himmel und vor dir." Und er geht zurück zum Vater, ein von Schuldbewusstsein schwerer Weg. Doch der Vater sieht ihn von ferne kommen, rennt ihm entgegen, fällt ihm um den Hals und küsst ihn. Und dann beginnt das große Fest der Heimkehr. Die Musik spielt auf, der große Grillspieß dreht sich, die Freude fährt in die Herzen und Köpfe und gewiss auch in die Beine. Das ist der Happy Day, den Jesus ausruft. Kehr um, komm zurück zu Gott. Er ist kein dunkles Gespenst hinter den Sternen. Er ist der einzigartig liebende Gott, den wir durch Jesus kennen und dem die Christen vertrauen.

Die tiefste Freude, die einem Menschen geschenkt werden kann, ist die Vergebung der Sünden: „Oh when he washed my sins away." Der Dreck ist weg. Jeden Tag neu. Ein neuer Anfang beginnt. Vergebung ist die größte Freude, die einem Menschen auf dieser Erde geschehen kann. „Oh Happy Day", du festlicher, begeisternder Tag der Heimkehr zu Gott. Schluss mit dem melancholischen Christentum, das Fest der Freude hat begonnen. Kommt heim zu Gott.

Vergebung ist
die größte Freude,
die einem Menschen
auf dieser Erde
geschehen kann.

Karriere nach unten

Bildung wird heute groß geschrieben. In Regierungserklärungen und Parteiprogrammen wird ständig darüber geredet. Gegen Bildungschancen und einen entsprechenden Bildungshunger ist absolut nichts zu sagen. Ganz im Gegenteil, junge Menschen, die Angebote zur Ausbildung oder zur Erlangung des Abiturs und nachfolgender Staatsexamina in den verschiedensten Fächern nutzen, sind in der richtigen Spur. Die Völker unserer Erde brauchen gut ausgebildete und gebildete Frauen und Männer, die auch engagiert in leitende Funktionen eintreten. Unser Schöpfer erwartet, dass wir entwickeln und anwenden, was er an Begabungen in uns angelegt hat.

Es ist gewiss auch nichts dagegen zu sagen, wenn jemand „Karriere machen" will. Im guten Sinne will er etwas leisten und sich voll einbringen. Doch gibt es ein tieferes Problem, das Jesus einmal auf eindrückliche Weise geregelt hat. Die Männer um Jesus, die Jünger genannt wurden, dachten darüber nach, wer von ihnen wohl „der Größte" sei. Es ging um Anerkennung und Einfluss im Projekt „Reich Gottes", also in der Weitergabe der Wahrheit des Evangeliums und der Liebe Gottes an die Menschen. Jesus „erkannte, was sie in ihren Herzen dachten", er durchschaute sie und handelte, denn hier stand alles auf dem Spiel.

Er nahm ein Kind und stellte es neben sich, also vielleicht einen kleinen Bengel, der gerade auf der Straße spielte, einen mit schmutziger Nase und aufgeschürften Knien. Und er sagte zu ihnen: „Wer dies Kind in meinem Namen aufnimmt, der nimmt mich auf; und wer mich aufnimmt, der nimmt den auf, der mich gesandt hat. Denn wer von euch allen der Kleinste ist, der ist groß."

Das ist die von Jesus in die Welt eingeführte neue Rangordnung. Gewiss auch eine Ermutigung für alle, die durch das soziale Umfeld bedingt nicht viel gelernt haben und wenig Anerkennung bekommen. Doch „der Kleinste ist groß" gilt für den Bundespräsidenten, der mir nicht widersprechen würde ebenso wie für den Chef eines Konzerns, den Chefarzt, den Architekten, den Journalisten, auch für Bischöfe und Pastoren und viele weitere „Einflusspersönlichkeiten". Es ist die Karriere nach unten, hin zu den Kindern, den Armen und den Verachteten um uns herum. Arrogante Frauen und Männer finden bei Jesus kaum Anerkennung. Hier gibt es noch viel zu lernen für mich und für jeden, der diese Jesusgeschichte (Lukas 9,46–48) gründlich liest und durchdenkt. Es könnte zu einer Umkehrung des ganzen Lebens führen. Vom Evangelium bekehrte Menschen sind heute dramatisch wichtig.

Vom Zweifel und mehr

Teil 1

Leo Tolstoi schreibt über den Zweifel: „Wenn dir der Gedanke kommt, dass alles, was du über Gott gedacht hast, verkehrt ist und dass es keinen Gott gibt, so gerate darüber nicht in Bestürzung. Es geht allen so. Glaube aber nicht, dass dein Unglaube daher rührt, dass es keinen Gott gibt. Wenn du nicht mehr an den Gott glaubst, an den du früher glaubtest, so rührt das daher, dass in deinem Glauben etwas verkehrt war, und du musst dich bemühen, besser zu begreifen, was du Gott nennst. Wenn ein Wilder (Tolstoi lebte von 1828 bis 1910) an einen hölzernen Gott zu glauben aufhört, heißt das nicht, dass es keinen Gott gibt, sondern nur, dass er nicht aus Holz ist."

Diese geistvollen Sätze des großen Russen Leo Tolstoi haben mich sehr angerührt und es lohnt sich, sie genau zu lesen. Was Tolstoi schreibt, kommt nicht aus einer tiefen russischen Seele, sondern aus der ganzen Bibel. Die Propheten des alten Israels haben genau so geredet. Jesaja sprach von den Klötzen der Götzen, die niemandem helfen. Im 1. Gebot ist dieser Gedanke als mächtige Freiheitsbotschaft zu lesen: „Ich bin der Herr, dein Gott, der dich aus der Knechtschaft in Ägypten befreit hat. Du sollst keine anderen Götter haben neben mir." Ein unübertroffen starker Freiheitsruf, der Folgen für die ganze Menschheit hatte. Jesus Christus sagt nach dem Johannesevangelium: „Ich bin der Weg, die Wahrheit und das Leben. Niemand kommt zum Vater, denn durch mich." Er tritt hier nicht mit einem „Absolutheitsanspruch" auf, der versklaven würde, sondern ruft sein absolutes Angebot aus. Dieses

Jesuswort ist schwer belastet durch einseitige Theologie, Predigt und Seelsorge, wie auch aus Richtungen, die durch massive Vorurteile gegen alles bestimmt sind, was und wer sich um Gott und den Sinn des Lebens Gedanken macht. Jene vergessen, dass die Frage nach dem Sinn des Lebens die Rückseite der Frage nach Gott ist. Sie lässt sich nicht so einfach aus der Welt schaffen.

Tolstoi verurteilt den Zweifler nicht als einen Sünder, sondern hilft ihm sehr freundlich zurecht. Er solidarisiert sich: „Es geht allen so". Wer nicht an die Existenz Gottes glaubt, der soll darüber nicht bestürzt sein, sondern seine bisherigen Meinungen von Gott überprüfen. Also auch, was er bisher über Gott gedacht hat. Es kann sich dabei herausstellen, dass in seinem Glauben etwas verkehrt war. Leo Tolstoi argumentiert sachlich auf der Verstandesebene, er greift nicht an, sondern hilft zu einem neuen Denken. Der Glaube an einen lebendigen Gott kann nicht davon abhängig sein, wie und was wir über ihn denken. Mitten im Leben kann für uns ein ganz neues Denken über Gott und den Glauben einsetzen. Der Knoten in unserem Verstand, wie auch in unserer Psyche platzt und wir werden befreit zum Glauben an Gott, an Jesus, der uns den Weg zu Gott öffnet und darum der Christus heißt. Und wir erfahren eine das Leben verändernde innere Befreiung von Gefühlen der Angst, von konkreter Schuld, vom Hass auf Menschen und zu einer ganz neuen Lebensgestaltung, die von Liebe, Wahrheit und Verantwortung geprägt ist. Ungezählte haben es so erlebt.

Unser Gott ist weder aus Holz noch aus Begriffen, auch nicht aus Gefühlen, keinesfalls aus Bankkonten, absolut nicht aus Produktionen unseres Gehirns. Also nicht aus Holz, doch aus Fleisch und Blut. Jesus wurde arm in einem Stall geboren, von Menschen geliebt und verachtet, er war ein Mann der Liebe und der Klarheit. Er war Liebe in Person. Er infizierte und identifizierte sich voll mit uns und starb „für uns", wie das Evangelium es uns als Freispruch zusagt. Durch die Macht Gottes kam er aus dem Grab. Der Tod konnte ihn nicht halten. Er ist heute bei uns präsent durch seinen Geist im Evangelium. Niemand soll gezwungen sein, etwas zu glauben, was er (noch) nicht glauben kann. Doch die Faszination des Gottes, den wir „den Vater Jesu Christi" nennen dürfen, ist ungeheuer. Unser Innerstes sehnt sich nach ihm. „Mein Herz ist unruhig in mir, bis dass es ruht mein Gott in dir" (Augustin).

Keiner muss im Käfig seiner Zweifel sitzen bleiben. So wie ein Tier, das zur Freiheit geboren wurde und jetzt im Zoo unserer Stadt hockt. Auch wir sind Geschöpfe des Gottes, der zur Wahrheit befreien will. Dafür gibt es befreiende Informationen und einen neuen Geist von Gott selbst, der in uns einkehren möchte.

„Herr, ich glaube, hilf meinem Unglauben." So betet ein schwer angeschlagener Mann in einer Geschichte des Evangeliums. Er tut es als bereits Glaubender. Auch wenn er direkt aus einer Lebenskrise kommt. Wer wirklich glauben möchte, so hat der Kirchenvater Augustin einmal geäußert, der glaubt schon.

Vom Zweifel und mehr

Teil 2

Nicht jeder Zweifel hat den Namen verdient. Darum nenne ich einige „Zweifel“, die nicht dramatisiert werden sollten. Sie haben mit dem echten Glaubenszweifel noch nichts zu tun.

Schon junge Kinder, deren Geist langsam aus der Schale schlüpft, können geradezu „atheistisch“ klingende Fragen stellen. „Omi, den Gott gibt es doch gar nicht?“ Oma erschrickt und sagt: „Aber Fritzchen, natürlich gibt es Gott und der hat auch dich sehr lieb.“ Fritzchen ist nicht zufrieden und reagiert mit dem Satz: „Aber Omi, wo ist der denn, ich kann ihn doch gar nicht sehen?“

In der Zeit der Pubertät stellen junge Menschen oft alles in Frage. Nicht nur die Meinungen der Eltern, sondern natürlich auch die Geschichten der Bibel. Durch den Schulunterricht entstehen die ersten durchdachten Zweifel. Der Unterricht in Biologie und Physik kollidiert mit den in Religion und in der Kirche vermittelten Informationen über Gott, die Erschaffung von Himmel und Erde und die Geschichte von Adam und Eva und der Schlange im Paradies. Und so weiter und so fort. Diese Zeit gehört zur Entwicklung eines jungen Menschen. Normal ist normal.

Beim Lesen des Neuen Testamentes kommen neue Fragen auf: Gott wird Mensch durch Jesus, um sich uns in Liebe bekannt zu machen. Jesus war Liebe in Person und wurde doch am Kreuz hingerichtet. Die Jünger und dann vor allem der Apostel Paulus trugen die Botschaft in die Welt hinaus, dass Gott alle Schuld der Welt auf Jesus gepackt hat. Und dann ist dieser Jesus auferstanden aus dem Grab. Wer an ihn glaubt, wird selig. Wie soll ich das begreifen? Dazu kommen die schweren Fragen des Lebens, die wir hier nicht alle aufzählen können. „Wie kann Gott das zulassen?“ „Warum beendet Gott, wenn es ihn gibt, nicht endlich die Ungerechtigkeit auf unserer Erde?“ „Gibt es wirklich ein Leben nach dem Sterben?“ Tiefe und erlittene Zweifel. Erst wenn ein Zweifel weh tut, verdient er seinen Namen. Dann ist er Sehnsucht nach der Wahrheit und dem Glauben.

Gründe für den Zweifel

Viele Menschen haben in ihrem bisherigen Leben noch nie einen überzeugenden Kontakt mit dem Glauben und mit Glaubenden gehabt. Sie fühlen sich „religiös unmusikalisch“, wie der Philosoph Jürgen Habermas von sich meinte, obwohl gerade er die Fragen des Glaubens wieder ganz aktuell aufgreift.

Es gibt massenhaft Missverständnisse und Vorurteile in Beziehung zum Glauben, die oft nie überwunden werden. Sie werden vielleicht ein Leben lang kultiviert und eben nicht durch bessere Informationen aufgearbeitet. Eigentlich handelt es sich nicht um echte Zweifel, dennoch wirken sie sich wie Zweifel aus, sie lassen keine Beziehung zu Gott und dem Glauben entstehen.

Es gibt viele Menschen, bei denen die so genannte „religiöse Sozialisation“, also die Hinführung zum Glauben in der Kindheit und Jugend nicht gelungen ist. Die fromme Atmosphäre des Elternhauses und der Gemeinde war vielleicht unausstehlich und hat zu einem Widerwillen geführt, der bis zum Lebensende andauern kann. Schlimm, was sich auf diesem Gebiet in allen Konfessionen, christlichen Traditionen und Familien abgespielt hat. Gewiss auch kräftig vermischt mit eigenen unfairen Gedanken. Die Eltern und Kirchen haben nicht an allem Schuld. Der Wahrhaftigkeit wegen sei es vermerkt.

Noch ein wichtiger Punkt in einer viel längeren Liste. Wir dürfen uns nicht täuschen, unser Gehirn ist nicht neutral. Es gehorcht Zwängen, Mehrheitsmeinungen und der Sucht nach Anerkennung und der Bestätigung unserer Empfindungen und Wünsche. Der berühmte Psychoanalytiker Sigmund Freud sagte, das Denken sei im hohen Maße „affektgesteuert“ und „interessegeleitet“. Der Volksmund sagt hier: „Der Wunsch ist der Vater des Gedankens.“ Wer lange darauf beharrt, dass es Gott nicht gibt, für den gibt es Gott endlich absolut nicht. Jemand sagte mir, nachdem er den Glauben fand: „Ich wusste, dass ich mich ändern muss, wenn es Gott gibt. Ich wollte mich aber nicht ändern, darum gab es Gott für mich eben nicht.“ Damit soll der Zweifel nicht missachtet, doch der Verstand zur Vernunft gerufen werden.

Der Glaube bringt uns zu Gott und zur Vernunft

Vernunft kommt von „vernehmen“, also von dem, was wir von außen hören und empfangen. Ein Telefon-Anruf kann das ganze Leben verändern. „Ich liebe dich“ kann dieser Satz heißen, oder uns wird eine Berufung mitgeteilt. Endlich ruft eine Firma an, wir haben eine Arbeitsstelle, einen Ausbildungsplatz.

So wird der Zweifel überwunden. Nicht durch qualvolles Grübeln, sondern durch eine „Berufung“, die von außen in unser Herz und unseren Verstand kommt. „Ich habe dich bei deinem Namen gerufen, du bist mein“ (Jesaja 43,1). Im Neuen Testament werden die Christen „die Berufenen“ genannt. Ihr Glaube entsteht nicht aus den Tiefen ihrer Seele, sondern durch den Ruf Gottes, der durch das Wort Gottes in ihr Herz und ihren Kopf kommt. Hier gäbe es viel zu erzählen.

Jeder kennt Momente aus seinem Leben, ob jung oder älter, die er nie mehr vergisst. Er war Bischof der Evangelischen Kirche, saß während der Nazizeit jahrelang im KZ, – ein eindrucksvoller Mann. Eines Tages bot er mir das „Du“ an. Ich erschrak, freute mich gewiss über das Vertrauen, doch es beschämte mich auch. Ein kleines Beispiel für eine unvergleichbare Wahrheit und Erfahrung. Gott bietet uns das Du an, jeder, der es jetzt hier liest, darf sich freuen. Das ist ein wichtiger Inhalt des Jesus-Christus-Evangeliums. Jeder darf im Glauben zu Gott „Du“ sagen. Vater unser, mein Vater im Himmel. Jesus, mein Bruder und mein Herr.

Zu viel auf die Schaufel gepackt? Wir reden hier weiter über die Inhalte des Glaubens und die Wege zu Gott. Bleiben sie dran.

„Auch ein Weg von tausend Meilen
beginnt mit dem ersten Schritt.“
(Sprichwort aus China)

Der berühmte dänische Philosoph und leidenschaftliche Christ Sören Kierkegaard schrieb eine Reihe von scheinbar einfachen Bildgeschichten, die aber mehr aussagen können als philosophische Essays, oder theologische Aufsätze. Darum werden sie bis heute immer wieder zitiert und gedeutet. Sie sind sozusagen offen für Interpretationen des jeweiligen Lesers in einer anderen Zeit. Eine dieser Bildgeschichten Kierkegaards will ich hier zeigen und mit ein paar Deutungen zum Nachdenken anbieten.

Wo ist das Gute im Menschen?

Geplatzte Illusionen

Was ist da eigentlich im Frühjahr 2003 draußen im weiten Gelände vor der Stadt Kabul in Afghanistan passiert? Da wird von Fotografien berichtet, die von Soldaten des „Kommando Spezialkräfte" (KSK) bei einer Patrouille im weiten Gelände vor Kabul gemacht wurden. Wobei die Soldaten zugleich die Darsteller der verachtungswürdigen Szenen waren. Allerlei nicht nur dumme, sondern entwürdigende Spiele mit Totenköpfen und Gebeinen, die die Männer dafür eingesammelt hatten.

Die Bilder geistern durch die Zeitungen. Und wir zittern, dass die Folgen nicht blutige Attentate sind. Die Politik hechelte mit Erklärungen mühsam hinterher und vor allem die Militärs und der zuständige Minister empörten sich heftig und sprachen von Konsequenzen. Störung der Totenruhe, Leichenschändung und andere Begriffe waren im Umlauf. Nun sollten die Ermittlungen und juristischen Verfahren folgen. Die Nation wollte, dass dies nur Ausnahmen sind, was gewiss in Grenzen auch stimmt. Die Sorge um weitere Aufdeckungen war jedoch groß.

Aus Gründen der Wahrhaftigkeit muss gesagt werden, dass keine Gräber aufgebrochen, sondern im Gelände herumliegende Skelette missbraucht wurden. Muslimische Politiker und Würdenträger empören sich zu Recht, dieses sei mit der Religion des Islam nicht vereinbar, doch ganz gewiss auch nicht mit dem Christentum. Man fragt sich natürlich, warum man diese menschlichen Überreste nicht schon längst begraben hatte?

Bei den Soldaten handelt es sich gewiss nur um einige „schwarze Schafe“, doch sie sind die Spiegelung von bundesdeutschen Realitäten. Kleine Jungen, die schon früh die Horrorfilme von Papa ansehen, wenn die Eltern nicht daheim sind. Ebenso jene raffiniert gemachten Videospiele, mit denen die Kinder bereits die Vernichtung des Feindes durch Knopfdruck lernen. Aber warum nur die Videos und Spiele? Das Töten kann beinahe in allen Nachrichtensendern als fast normaler Vorgang beobachtet werden.

Doch die Wahrheit liegt noch tiefer. Das viel gerühmte „Gute im Menschen“ erweist sich als Illusion. Kriege sind eine stinkende Krankheit am Leib der Menschheit – und Krieg macht krank, auch unsere Soldaten in Afghanistan. Zwar halten Moral und Erziehung noch manches zusammen, doch der Kern des Problems ist offenbar ganz aktuell. Es gibt ja nicht nur Grabschänder, sondern auch Kinderschänder, mitten unter uns im eigenen Land. So weit ist es mit uns gekommen. Ich argumentiere nicht als entrüsteter Moralist. In uns allen, auch in mir, stecken dunkle Möglichkeiten. Das hat die Bibel schon sehr früh kommentiert, sie ist ein absolut realistisches Buch. „Des Menschen Herz ist böse von Jugend auf.“ Ein unangenehmer Satz, zugegeben, doch die Wahrheit fordert Anerkennung.

Das „Böse in uns“ ist eine Krankheit, die nur Gott heilen kann. Sünde ist kein pharisäischer Begriff, sondern eine soziale Katastrophe. Es sind zerstörende Kräfte in uns und um uns am Werk. Aus der Trennung von Gott wächst die Trennung von dem wunderbaren Geheimnis unseres Lebens, dass wir Gottes Geschöpfe sind. Daraus folgt die nächste soziale Katastrophe, wir trennen uns von Anstand und Würde und der Würde des Nächsten. Und wir geraten in eine geistige Schizophrenie, eine Gespaltenheit unseres eigenen Lebens. Die jungen Männer der Patrouille vor Kabul werden sich heute gewiss wundern, wie ihnen das passieren konnte.

Was kann hier helfen? Noch mehr geistige Ausbildung der Truppe? Nichts dagegen einzuwenden, doch wird es reichen? Der Mensch ist ein höchst kompliziertes Wesen. Das Wort Buße ist für viele gewiss ein schwieriges Wort. Es klinkt nach Dauertrauer und einem in sich verkrümmten Menschen. Das Umgekehrte ist jedoch der Fall. Der in sich verkrümmte und zu allem fähige Mensch richtet sich in Wahrhaftigkeit vor Gott auf, bekennt seine Not, denn das Böse ist auch eine Not, nicht nur ein böses Verhalten. „Buße tun" heißt nicht büßen, sondern aufstehen und umkehren und zu Christus gehen und bitten: „Herr, hilf mir, bringe mein Leben wieder zurecht." Vergebung heißt die rettende Medizin und Heiliger Geist heißt die neue Kraft zum Leben.

„Krieg soll nach Gottes Willen nicht sein", heißt ein Wort der Kirchen. Ebenso will Gott keine kranken Männer, die es nicht mehr aushalten mit dem Grauen um sie herum und durchknallen.

> *„Verleih uns Frieden gnädiglich, Herr Gott,*
> *zu unseren Zeiten."*

Gottvertrauen

„Gottvertrauen“ hat eine völlig andere Qualität. Gottvertrauen bewegt sich in einer anderen Dimension. Ich habe dieses „Gottes-Wort“ aus dem Mund von Menschen gehört, bei denen ich es nicht erwartete. Es war bei der Verleihung des Friedenspreises des deutschen Buchhandels an den Philosophen Jürgen Habermas, als ein Journalist den damaligen Außenminister Joschka Fischer vor der Kamera fragte, wie er es denn aushielte mit den ständig neu aufbrechenden Kriegen. Fischer dachte kurz nach und sagte leise: „Es gibt ein uraltes Wort, das heißt Gottvertrauen.“ Er sagte nicht Schicksal. Bemerkenswert.

Für den Christen bedeutet es: Ich habe mein Leben von Gott als Geschenk erhalten, doch stets auch als Aufgabe. Ich bin keine Puppe im Puppenspiel, die von oben an Bändern gezogen wird, sondern ein lebendiger Mensch, der an der Gestaltung seines Lebens voll beteiligt ist. Der Christ ist ein Mensch für andere. Er soll auch zu seinem eigenen Glück fröhlich leben, doch möchte er die insgesamt kurze Lebenszeit auf dieser Erde so nutzen, dass es „sich lohnt“. Nicht unbedingt kommerziell, wohl aber existenziell. Also bewusst dankbar, bewusst fröhlich, bewusst liebevoll, hilfsbereit und den Glauben an Christus bezeugend und Christus in sich Gestalt werden lassend. So wächst ein tiefes Gottvertrauen in ihm heran.

Die schweren Erfahrungen sind oft nicht erklärbar, auch die Not von geliebten Menschen nicht, doch im Vertrauen auf Gott, den wir durch Jesus kennen, halten wir uns daran, dass „nichts uns trennen kann von der Liebe Gottes, die in Christus Jesus ist, unserm Herrn“. So hat es der Apostel Paulus in dem großen Lied des Glaubens am Ende des 8. Kapitels im Römerbrief geschrieben. Ja, das ist leicht gesagt, doch im Ernstfall schwer zu leben. Sehr schwer. „Das ist das Ende“, sagte jemand zu Dietrich Bonhoeffer, als er zum Galgen geführt wurde. Der antwortete: „Für mich ist es der Anfang.“ Das war Gottvertrauen pur. Seine Hinrichtung war ihm nicht Schicksal, sondern ein Heimweg zu Gott.

Ich werfe das Wort Schicksal weg wie einen rostigen Eimer ohne Boden. Und ich ergreife das Wort Gottvertrauen wie ein starkes Seil, das mich hält, doch auch wie eine Matte, auf der ich ruhen kann. Ich kenne sehr viele Menschen, junge und ältere, die ihr Leben Gott anvertraut haben, als sie durch das Jesus-Christus-Evangelium entdeckten, dass Gott der Vater Jesu Christi ist und durch ihn auch unser Vater.

Ich bin keine Puppe
im Puppenspiel,
die von oben an Bändern
gezogen wird, sondern
ein lebendiger Mensch,
der an der Gestaltung
seines Lebens
voll beteiligt ist.

Wie sieht Gott aus?

Von Kindern kann man viel lernen, eine Erfahrung, die nicht nur von Eltern und Großeltern humorvoll kommentiert wird. „Kindermund tut Weisheit kund." So ist es, sogar bei tiefsinnigen Glaubensfragen. Anna ist fünf Jahre und drei Monate jung. Niemand hat sie frühkindlich religiös überfordert. Doch urplötzlich stellt sie Fragen, die ich noch gar nicht erwartet hatte. „Wie sieht der Gott aus?" Eine jener Fragen, von denen ein alter Spruch sagt, dass ein Kind mehr zu fragen versteht, als zehn Weise zu antworten vermögen. Es begann mit der Frage, warum man die Engel nicht sehen kann. Nach einigen Minuten erklärte es die kleine Anna sich selbst und auch mir: „Weil sie durchsichtig sind", meinte sie.

Ehrlich, so hatte ich es bisher noch nicht bedacht. Durchsichtig, nicht nur unsichtbar, das war für mich ein Fortschritt der Erkenntnis. Durchsichtig betont, dass sie existent sind, doch eben nicht weg, sondern präsent. Es gibt offenbar ganz verschiedene Formen von Gegenwart. Vielleicht hat Gott Engel berufen, dass sie für uns kleine Löcher in Hartholzbretter zur Ewigkeit bohren, durch die es Lichtzeichen von beiden Seiten gibt. Sie heißen im Evangelium „angeloi", also Sendboten. Man lache mich gerne aus, auch Erwachsene dürfen gelegentlich wie Kinder träumen.

Dass wir Gott nicht „face to face" sehen und begreifen können, ist uns bekannt. Es überschreitet unser Denkvermögen nicht nur unendlich, sondern absolut. Da gibt es keine Auswege und Umwege. Hinzu kommt, dass Gott uns durch seine inspirierten und dazu beauftragten Zeugen hat wissen lassen, dass er nicht in Bildern vorgestellt werden will. „Du sollst dir kein Bildnis machen“ steht im zweiten Gebot. Durch nichts will er ersetzt werden. Übrigens gilt das auch für Schutzengel, die von vielen längst als Gottesersatz missbraucht werden. Man glaubt nicht an Gott, doch an Schutzengel. Statistiken zeigen es.

Sich Gott vorstellen heißt: „Ich nehme Gott wie eine Götzenstatue in beide Hände und stelle ihn so vor mich hin, dass ich ihn be-trachten, ein-schätzen, zen-sieren, anwenden und be-weisen kann. Die Vor-stellung und das Be-greifen machen aus dem lebendigen Gott ein Ding.

Um es auf den Punkt zu bringen: Der Schöpfer, der alles durch sein Wort ins Leben gerufen hat, der uns „nach seinem Ebenbild“ erschaffen hat, ruft uns beim Namen und macht uns gesprächsfähig mit ihm. Wir dürfen ihn Vater nennen und mit Du ansprechen. Liebe Anna, ich will dir von Jesus erzählen. Wie er aussieht, so sieht Gott aus. Jesus Christus ist das der Welt zugewandte Angesicht des lebendigen Gottes. Wer ihn kennt, kennt Gott. „Wer mich sieht, der sieht den Vater.“ So zitiert das Johannes-Evangelium. Das können wir – jeder für sich – entdecken und ganz existenziell erleben. Gemeinsam geht es oft besonders gut.

Jesus Christus ist das der Welt zugewandte Angesicht des lebendigen Gottes.

Ich bin dir näher als du glaubst – Gott

Am 14. April 1912 um 23.40 Uhr kollidierte die angeblich unsinkbare Titanic auf ihrer Jungfernfahrt mit einem Eisberg und sank nach zwei Stunden und vierzig Minuten in der Tiefe des eisigen Meeres. Ein herbeigeeiltes Schiff konnte noch 712 Menschen an Bord holen, 1517 Menschen wurden mit dem zuletzt rasch sinkenden Dampfer in den Tod gerissen. Zuerst hatte die Bordkapelle noch lustige Weisen gespielt, um die Passagiere bei Laune zu halten, doch dann spielte sie das berühmt gewordene geistliche Lied „Näher mein Gott zu dir, näher zu dir" immer wieder und wieder. Viele der Reisenden kannten den Text des in amerikanischen Kirchen beliebten Liedes, manche sangen sogar mit. Es haben sich erschütternde Szenen abgespielt. Vor einigen Jahren hat ein vielfach preisgekrönter Film an das damals die Welt erschütternde Ereignis erinnert. Wie der furchtbare „11.9." in New York, als die Türme stürzten.

Unser Leben verläuft Gott sei Dank nicht in Katastrophen dieser Art, doch die Frage, ob Gott ist, ob er nahe ist, ob er mir nahe ist, hat zu allen Zeiten Menschen bewegt. Oft in großen Lebensnöten, doch auch auf der Ebene unserer alltäglichen Erfahrungen. „Ich bin dir näher als du glaubst", verspricht Gott. Das mag mancher wie eine Drohung empfinden. So wie ein Bösewicht, dem die Polizei auf den Hacken ist. Gewiss ist des Menschen Begegnung mit Gott kein Kinderspiel, es steht alles auf dem Spiel. Doch Gott ist nicht unser Verfolger, sondern ein Sucher, der uns im Leben wie im Sterben helfen will. „Ich habe dich je und je geliebt, darum habe ich dich zu mir gezogen aus lauter Güte." Das sagt nicht ein „Opa-Gott", sondern der Schöpfer und Retter unseres Lebens. Er will seine Menschen auf keinen Fall verlieren, sie sollen nicht verloren gehen. Das ist abzulesen an Jesus und seiner Botschaft. Der Satz über dieser Kolumne ist von der Bibel gefüllt.

Der Glaube weiß von der Nähe Gottes und erzählt davon. In den großen Gebeten Israels, die von Christen dankbar gelesen und gebetet werden, sagt jemand zu Gott: „Herr, du erforschst mich und kennst mich. Ich sitze oder stehe auf, so weißt du es; du verstehst meine Gedanken von ferne. Von allen Seiten umgibst du mich und hältst deine Hand über mir." In immer neuen Wendungen spricht der große Psalm 139 von der Nähe Gottes und seiner Begleitung durch schöne und schwere Tage. Das ist mehr als das Wort „Schicksal" zu sagen vermag. Es hält im Gegenteil ab vom dankbaren Vertrauen auf Gottes Begleitung. Jesus, der Bevollmächtigte Gottes, hat seine Gegenwart wie in einem Schwur zugesagt: „Ich bin bei euch alle Tage bis an der Welt Ende." Gott ist uns nahe, er wohnt in allen, die ihm vertrauen. Er umgibt uns wie die Luft, wie das Licht der Sonne. So nahe kommt uns Gott und wir Menschenkinder dürfen staunen. Glauben heißt Staunen. Gottes Zusagen stehen, wir dürfen ihm vertrauen, wo immer wir sind. Gott ist uns nahe und wir können beten: „Näher, mein Gott, zu dir."

Stichwortregister

Quellennachweis zu Seite 126: Ursprünglicher Titel: Bäume schreien nicht. Liedtext von Johannes Hansen auf der CD „Singenderweise“ von Hella Heizmann. © SCM-Hänssler, Holzgerlingen 1980.